Staats- und socialwissenschaftliche Forschungen

herausgegeben

von

Gustav Schmoller.

Vierter Band. Viertes Heft.
(Der ganzen Folge achtzehntes Heft.)

Dr. E. Gothein, Der christlich-sociale Staat der Jesuiten in Paraguay.

Leipzig,
Verlag von Duncker & Humblot.
1883.

Der christlich-sociale

Staat der Jesuiten

in Paraguay.

Von

Dr. E. Gothein,
Docent an der Universität Breslau.

Leipzig,
Verlag von Duncker & Humblot.
1883.

Das Uebersetzungsrecht bleibt vorbehalten.

Vorrede.

Es konnte nicht mein Zweck sein, an dieser Stelle eine Geschichte Paraguays zu geben, wenn auch eine solche der deutschen Literatur mangelt und durch die, oft befangenen, französischen und spanischen Werke nicht überflüssig gemacht wird. Ich beabsichtigte nur eine der wichtigeren typischen Formen der Staatenbildung nach ihren Bedingungen und in ihren Folgen zu schildern. In dem südamerikanischen Jesuitenstaate liegt meiner Ansicht nach ein solcher Typus vor. Zugleich wollte ich das Verhältniss desselben zur allgemeinen geistigen Bewegung der zwei Jahrhunderte seines Bestehens erklären.

Die herbe Kritik eines Prinzips braucht die Theilnahme an den Männern, die es vertraten, nicht zu schmälern. Wer seine volle Kraft in den Dienst eines Ideals gestellt hat, ist der Anerkennnng der Kulturgeschichte würdig, selbst wenn dieses Ideal ein Irrthum ist. Missachtung gebührt nur denen, die mit einem Prinzipe spielen, die sich weder seiner Tragweite bewusst sind, noch die Energie des Geistes besitzen, sich ihm zu opfern.

Inhaltsverzeichniss.

Die jesuitische Staatslehre S. 2. — **Campanellas Sonnenstaat und der Jesuitenstaat in Paraguay** S. 3—10. Praktische Tendenz Campanellas S. 3. Abschliessung S. 4. Mechanische Konstruktion S. 5. Die Arbeit als Grundlage der Gesellschaft S. 6. Aufhebung des Eigenthums S. 7. Verwerthung der Religion S. 8. Rechtsordnung S. 9. Familienlosigkeit S. 9. Verwaltung S. 10. — **Aeussere Geschichte des Missionenstaates** S. 11—17. Unterschiede in der jesuitischen Missionsthätigkeit S. 11. Bekämpfung des Kommendensystems in Amerika S. 12. Vorläufer der Jesuiten in Paraguay S. 13. Gründung von Missionen mit Ausschliessung der Spanier S. 14. Feindseligkeit der Spanier S. 14. Verhalten zu den kirchlichen Behörden S. 15. Kämpfe mit Portugiesen und Paulisten. S. 16. — **Die Jesuiten und ihre Unterthanen** S. 17—22. Die Persönlichkeiten der Bekehrer und Staatslenker S. 17—20. Die Eigenschaften der Indianer S. 20—22. — **Die Abschliessung des Staates** S. 22—26. Die Ausschliessung der Europäer S. 22—24. Thatsächliche Ausschliessung aller anderen Behörden S. 25. Die Steuerfrage S. 26. — **Aeusserer Anblick einer Mission** S. 26—27. Die Stadtanlage S. 26. Ackerflur, Weide und Wald S. 27. — **Die religiöse Verfassung** S. 27—32. Verhalten zum Aberglauben S. 27. Heiligenverehrung und Bruderschaften S. 28. Ordnung des Gottesdienstes S. 29. Verwerthung der Kunst S. 30. Die Feste S. 31. Berechnung für den Staatszweck S. 32. — **Die Wirthschaftsordnung** S. 33—43. Die Einschränkung des Privateigenthums und Aufhebung des Erbrechts S. 33. Ackerbau der Familien und gemeinsame Feldbestellung S. 34. Kapitalbildung S. 35. Sorge für den Unterhalt des Einzelnen S. 36. 37. Handwerker S. 38. Der Staatshandel S. 39. 40. Angriffe auf denselben S. 41. Der innere Verkehr S. 42. Ausschliessung des Geldes S. 43. — **Die Staatsverwaltung** S. 43—50. Die Jugenderziehung S. 43. 44. Die Eheschliessung S. 45. Unterbeamte S. 46. Die kriegerische Ausbildung S. 47. 48. Die Rechtsordnung S. 48. 49. — **Beurtheilung der Resultate** S. 50—52. Die sittlichen Resultate S. 50.

Die wirthschaftlichen Resultate. Geringe Volksvermehrung S. 51. 52. — Die Aufhebung der Missionen und die Stellung der öffentlichen Meinung S. 52—67. Die Propaganda für den Missionenstaat in Europa S. 53. 54. Der Krieg mit den Portugiesen S. 55. Pombals Auftreten gegen den Missionenstaat S. 55. 56. Die Polemik für und wider denselben S. 57. 58. Die Einziehung der Missionen durch die Spanier S. 59. 60. Ihr Verfall S. 61. Das Schicksal der deportirten Jesuiten S. 62. Die Beurtheilung des Jesuitenstaates im 18. Jahrhundert S. 62—67. — Schluss S. 68.

Wenn dem Historiker das mächtigste Mittel des Naturforschers, das selbstgewählte Experiment, fehlt, so hat doch die Geschichte selbst hin und wieder ihre Experimente angestellt, deren Verlauf er verfolgen darf. Was macht das Wesen des naturwissenschaftlichen Versuches aus? — Der Experimentator isolirt die Kraft, die er in ihren Wirkungen erkennen möchte; er sieht zu, ob der Kausalnexus, den er nach blosser Beobachtung vermuthete, sich bewahrheitet, sobald er selbst die Bedingungen darstellt und ungestört wirken lässt. Das Experiment ist die Verwirklichung einer Idee, die sich auf den Naturzusammenhang richtet.

So sind auch bisweilen geschichtliche Experimente angestellt worden. Man hat versucht, in kleinen Kreisen, von denen jede fremde und störende Einwirkung ausgeschlossen blieb, Ideen zu verwirklichen, zu denen man als den äussersten Konsequenzen eines folgerichtigen Denkens über den Zusammenhang der menschlichen Handlungen gelangt war. Man hat zugleich durch diese Versuche zeigen wollen, dass sie auch für weitere Kreise anwendbar seien, gerade so wie der Naturforscher das weitere Ziel verfolgt, mit Hilfe des Experiments Herr der Naturkraft zu werden. Mögen nun solche Versuche geglückt oder gescheitert sein, jedenfalls sind sie stets belehrend, denn sie zeigen die Kräfte, die sonst mit und gegen einander wirkend das Gewebe der Geschichte bilden, in der Isolirung und erleichtern dadurch das Urtheil über deren Tragweite.

Schon den Zeitgenossen hat als ein solches Experiment, als ein Samenkorn, aus dem ein mächtiger Organismus hervorschiessen sollte, ein kleines Gemeinwesen gegolten, das zwar zur Zeit seiner höchsten Blüthe noch nicht 150 000 Seelen zählte, das aber doch schwärmerische Begeisterung und fanatische Abneigung wachgerufen hat, wie kaum jemals eine Grossmacht: der Staat der Jesuiten in Paraguay. In ihm liegt der Versuch vor, ein Staatswesen ausschliesslich auf einzelne Seiten des menschlichen Wesens zu bauen, alle andern aber durch die Staatsverfassung selbst zurückzudrängen, zu schwächen, womöglich zu vernichten. Insofern mag die Geschichte dieser verstecktesten Ecke der Erde ein dauerndes Interesse beanspruchen, selbst nachdem das mit unendlicher Mühe und Aufopferung hier errichtete Gebäude längst in sich zusammengestürzt ist.

Es ist allbekannt, wie sehr sich die jesuitischen Staatsrechtslehrer[1]) einem politischen Radikalismus zuneigten, wie derselbe aber vorwiegend dem Wunsche entsprang, den unendlichen Abstand des Staates von der Kirche deutlich zu machen. Die Kirche selbst, ihre Ordnung, ihre Aussprüche sind ewig und unabänderlich, die Staaten und ihre Einrichtungen wechseln; die Kirche umfasst die Menschheit, die Staaten nur einzelne Bruchtheile derselben; die Kirche ist von Gott unmittelbar gestiftet, der Staat nur nach menschlicher Vernunft und aus menschlicher Freiheit; der Papst, der absolute Alleinherrscher der Kirche, ist Gottes Stellvertreter, die Könige haben ihre bedingte Macht nur durch Verzichtleistung der Völker auf ihre Rechte erhalten; — kurz: die Kirche ist übernatürlich und vollkommen, der Staat natürlich und unvollkommen. Das Mittelalter wie die Reformationszeit hatten den Staat für eine Art göttlicher Offenbarung genommen, die Jesuiten gehören zu den ersten, welche ihn blos auf das Naturrecht begründeten. Aber sie thaten es, um hierdurch die Staatsmänner zu demüthigen; als sie selbst in der Lage waren einen Staat aufzubauen, zogen gerade sie die entgegengesetzte Konsequenz und liessen die Autorität des Staates völlig mit der der Religion zusammenfallen.

Man wird vergeblich eine weitere Aehnlichkeit zwischen den Theorien eines Suarez und der Idealgründung in Paraguay suchen, als die allgemeine Betonung einer volksfreundlichen Gesinnung. Wo sich, wie bei Mariana, socialistische Anklänge finden, sind solche gelegentliche Reflexionen oder Aeusserungen eines warmen persönlichen Gefühls; auf den Gang der Untersuchung gewinnen sie keinen Einfluss. Schon der Schilderung eines Staatsideals überhaupt scheinen diese Theoretiker aus dem Wege zu gehen. Selbst Mariana, der sonst am ersten einmal seiner beweglichen Phantasie die Zügel schiessen lässt, weicht dieser Aufgabe aus; in seltsam widersprechender Weise stellt er gleich im Anfang seines Werkes eine sentimentale Schilderung des Glückes der ersten Naturmenschen neben eine andere vom vernichtenden Existenzkampf ebenderselben Menschen, der das Königthum nöthig macht.

Jedoch diese Schriftsteller hatten unmittelbare, praktische Zwecke für ihre Zeit und für Europa im Auge. Was sie darstellten, sollte das bestehende Staatsrecht sein, sollte als

---

[1]) Vgl. ihre Charakteristik bei Gierke, Althusius B. 2 c. 1.

Maassstab für die wirklich vorhandenen Verhältnisse dienen. Sie hätten sich unnöthig geschadet, wenn sie in ihre exakten Erörterungen Träume hätten einfliessen lassen, denen sie vielleicht im Stillen nachhingen. So wie so spürten schon die Gegner argwöhnisch nach den versteckten Konsequenzen ihrer Lehren, denn stets glaubte man: die Schüler der Jesuiten auf den Thronen und in den Kabinetten Europas seien selbst bereit, diese Folgerungen zu ihrem und ihrer Lehrer Vortheil zu ziehen. Was sie nicht sagen durften, sprach ein Denker aus, der sich das Recht der Philosophen nahm, Staatsideale zu träumen und sie auf irgend eine noch zu entdeckende Insel der neuen Welt zu versetzen. Und wer hätte glauben mögen, dass Thomas Campanellas Sonnenstaat innerhalb eines halben Jahrhunderts seinen wesentlichen Zügen nach im Innern der Urwälder Südamerikas verwirklicht werden sollte!

Man wird den kühnen Dominikaner eher den Schriftstellern der Gesellschaft Jesu beizählen dürfen als den Scholastikern seines eigenen Ordens. Er traf mit den Jesuiten in dem gemeinsamen Bestreben zusammen, dem System der alten Kirche durch Aufnahme der für sie verwerthbaren Resultate der neuen weltlichen Bildung stärkere Stützen zu verleihen. Sein gewagter Ideenflug nahm oft eine andere Richtung als die straff organisirte Jesuitenschule ihren Jüngern vorschrieb, schliesslich aber trafen sich beider Gedanken immer wieder. In Campanellas Werkchen vom Sonnenstaat ist der Ideenkreis des restaurirten und durch die Renaissancebildung erweiterten Katholizismus am rücksichtslosesten dargestellt worden, die Jesuiten haben ihn in Paraguay am rücksichtslosesten durchgeführt; und in so fern ist eine Vergleichung jenes Schemas und dieses Experiments nicht ohne Interesse.

Dem 16. Jahrhundert schien die radikale Verbesserung der Menschheit fast noch mehr als dem 18. seine Aufgabe zu sein. Es ist die Zeit jener „Staatsromane", denen man eine besondere Stelle in der Entwicklungsgeschichte der Staatswissenschaften eingeräumt hat. Unter denselben beansprucht derjenige Campanellas eine höhere Aufmerksamkeit. Die Vorgänger hatten geschrieben, entweder um mit geistvoller Spielerei ihre Mussestunden auszufüllen, oder um abstrakte Ideen zu entwickeln, Campanella aber war von der Ueberzeugung durchdrungen, dass seine Vorschläge eine praktische Tragweite besässen. Die Bürger, welche er im Auge hat, sind durchaus keine höheren Naturen, wie man sie überall findet; gerade auf die niederen und alltäglichen Seiten der Menschennatur hat er ausserordentliche Rücksicht genommen. Sein Sonnenstaat existirt auch nicht, gleich der platonischen Republik und Thomas Morus' Utopia, einzig und allein für sich, in wohlwollender Beschauung seiner Autarkie. Er zieht vielmehr nach und nach alle Nachbarn in seine Kreise, denn alle sehnen sich nach dem Glück, das die Sonnenbürger geniessen und gewöhnen sich leicht an ihre Sitten; er sendet seine Späher, die bald auch Propheten sein dürften, nach allen Gegenden der bewohnten Erde, und seinen Bürgern ist es höchster und letzter Grundsatz, dass einst ihre Regierungsform sich über den ganzen Erdball verbreiten werde.

Wiederholt weist Campanella auf die neu entdeckten Erdtheile und auf die Aufgabe hin, die dort den geistlichen Orden zufalle. Es ist offenbar seine Ansicht, dass in jenen unberührten Gegenden das Senfkorn einer besseren Welt ausgestreut werden solle. Sein Staat sei zwar, erörtert er, nur nach den Grundsätzen der natürlichen Vernunft erbaut, darin aber liege eben die Bürgschaft für die Wahrheit des Christenthums, dass es den Naturgesetzen nichts hinzufüge als die Sakramente, und auch diese nur, damit sie den Menschen Hilfe zur Beobachtung jener brächten. So solle denn vermittelst dieses Vernunftstaates die christliche Religion Herrin der Erde werden. Nur deshalb habe Columbus die neue Welt entdeckt; und die Spanier, möge sie auch unersättliche Geldgier treiben, seien nur für diesen Zweck Werkzeuge der Vorsehung. Noch am Schluss seines Werkes schärft er diese seine Hauptansicht ein: die weltgeschichtliche, durch den Gang der Gestirne bedingte Entwicklung habe wohl jetzt die neue Ketzerei hervorgerufen, zu gleicher Zeit aber seien auch die Stifter des Jesuiten- und des Kapuzinerordens aufgetreten, und sei durch Columbus und Cortez die andere Hemisphäre der göttlichen Religion eröffnet worden. Diese Verbindung und die Stellung, die er dieser Reflexion anweist, lehren, was Campanella im Sinn hatte.

Das waren auch die Träume, denen die Jesuiten in Paraguay nachhingen, und die sie später oft in begeisterter Sprache verkündigt haben. So fassten sie ihr Verhältniss zu den spanischen Eroberern auf, die sie nach und nach durch ihre Missionen ersetzen wollten, so priesen sie ihren Staat: das wohlberechnete, schöne Kunstwerk, das schon in den ersten 30 Jahren seines Bestehens zu seiner Vollkommenheit gelangt sei, und so deuteten sie bisweilen an, welche Rolle vielleicht noch dieser Pflanzstätte unlösbar vermählter Tugend und Wohlfahrt beschieden sein könne. Nicht immer haben sie sich zu diesen Prinzipien bekannt. Nüchterne Ueberlegung, wie sie für ein erfolgreiches Handeln erforderlich ist, und vorsichtige Klugheit, die einer unnöthigen Fehde ausweicht, haben sie oft veranlasst, diese Ansichten bei Seite zu lassen, bisweilen auch, sie zu verleugnen; aber von solchen Träumen waren ihre stolzesten Momente erfüllt, und schliesslich geben doch immer diese den Ausschlag für eine geschichtliche Wirksamkeit.

Wie es nun aber auch mit der Zukunft des Sonnenstaates bestellt sein mochte: für den Augenblick, sah Campanella ein, bedurfte derselbe jener Abschliessung gegen fremdartige Elemente, wie sie einst Platon für seine Republik festgesetzt hatte. Selbst als Diener wird der Fremdling verschmäht, um die Gefahr der Ansteckung mit schlechten Sitten zu vermeiden. Dem zufällig Nahenden soll drei Tage hindurch alle erdenkliche Ehre erwiesen werden, und eine Probezeit von zwei Monaten kann ihm auch Aufnahme verschaffen; aber nur mit Wissen und Willen der Oberhäupter kann er mit Einzelnen in Verbindung treten. Der wenige für nothwendig befundene Staatshandel ist vollends weit von der Stadt wegverlegt. Wir werden sehen, wie die Jesuiten zum Grundsatz der Abschliessung gegen die Europäer ebenso gedrängt wurden, und wie sie dabei zu völlig gleichen Maassregeln gelangten.

Auf solche Weise behalten die Philosophen des Sonnenstaates freie Hand ihr Ideal durchzuführen. Dies Ideal ruht aber auf jenem Gedanken, der schon die ganze Renaissancezeit beschäftigt und den jetzt die Gegenreformation aufgenommen hatte: Staat und Gesellschaft als Kunstwerk zu gestalten, als Mechanismus zu konstruiren. Vielleicht ist derselbe von keinem andern so folgerichtig als von Campanella durchgeführt worden. Im Sonnenstaat ist alles Maass und Zahl, der Willkür ist keinerlei Raum mehr offen gelassen; an die unabänderliche Bewegung der Gestirne, an die Erkenntniss ihres Einflusses ist das ganze Leben geknüpft. Schon der erste Blick auf diese Stadt sollte das zeigen: in harmonischen Abständen thürmt sie sich auf; in konzentrischen Ringen wechseln öffentliche Lehr- und Werkstätten, die zuletzt in der einzigen, gewaltigen, mauerlos auf Säulen emporschwebenden Tempelkuppel gipfeln.

Die praktischen Jesuiten haben dem edlen architektonischen Gedanken des vollendeten Zentralbaus weniger nachgegeben, sie haben die quadratische Gestalt vorgezogen; aber die Gruppirung der Werkstätten und Wohngebäude um den Mittelpunkt, die Kirche, haben sie nicht minder streng und schematisch durchgeführt. Vor allem aber: auch ihre Niederlassungen, Kulturoasen inmitten ungeheurer Einöden, sind zentralisirte Städtegründungen gewesen und geblieben. Wie bei Campanella sind Gebäude auf dem platten Lande nur als Wirthschaftsvorwerke, als Meiereien, nicht aber als Wohnsitze einer dauernd ansässigen Bevölkerung geduldet worden. Nur bei einer solchen Form des Wohnens war eine mechanisch gleichförmige Regelung der Bevölkerung überhaupt möglich.

Zu einer solchen bedurften sie beide auch eines völlig gleichartigen Menschenmaterials. Da es ein Hauptziel der Jesuiten wie Campanellas ist, den Egoismus aus den Herzen der Menschen zu verbannen, so mussten auch die allzu schroffen Verschiedenheiten der Individualitäten abgeschliffen werden, da diese naturgemäss Kampf und Wettbewerb wachrufen. Der philosophische Dominikaner wird durch den Wunsch, ein physisch und psychisch gleichgeartetes Geschlecht zu erlangen, einigermaassen entschuldigt betreffs der wunderlichen Vorkehrungen, mit denen das Verhältniss der Geschlechter zu einander nicht geregelt sondern gerade in Unordnung gebracht wird. Die Jesuiten hatten das Glück, in ihren Wilden schon ganz gleichgeartete, übrigens bildsame und gutmüthige Menschen vorzufinden. Sie sind sich dieses Vortheils auch wohl bewusst gewesen und haben es zu hindern verstanden, dass die Individualitäten ihrer Schützlinge nicht allzu sehr aus einander traten, auch als dieselben schon auf eine höhere Kulturstufe gehoben waren. Als die Spanier von den Missionen Besitz ergriffen, waren sie aufs lebhafteste von dieser Einförmigkeit der Menschen und Städte betroffen.

Und dennoch: so streng in diesen grossen Uhrwerken die Unterordnung der Glieder unter die jede Lebensäusserung absorbirende Gesammtheit gefordert wird, so ist schliesslich der Zweck nur die Wohlfahrt des Individuums. Mochte das andere Ziel, die Macht der Gesellschaft auszubreiten, für die Jesuiten eben so maassgebend sein — beeinträchtigt hat es wenigstens die Sorge der Missionare für ihre Schutzbefohlenen nicht. Bei Campanella liegt der Nachdruck darauf, dass durch eine solche Verfassung der Einzelne erst recht in Stand gesetzt sei, die Zeit der materiellen Arbeit abzukürzen — womöglich auf vier Stunden täglich — und den Rest voll und ganz der geistigen Ausbildung zu weihen. Hier liegt der Kernpunkt der persönlichen Gesinnung verborgen, der den Philosophen zum Aufbau seines Phantasiestaates veranlasste: es war der edle Unwille über die Zustände der Unterdrückung und Ausbeutung, von denen er sich umgeben sah. Dieser spricht sich aus in einer zornigen Schilderung des damaligen Neapel, seiner Heimath. Hier wird zum ersten Mal das Mitgefühl mit dem grenzenlosen Elend und der Verwahrlosung der arbeitenden Klasse die Quelle eines sozialen Systems.

Demnach musste dasselbe bei aller äusserlichen Uebereinstimmung seinem Wesen nach doch grundverschieden von dem aristokratischen System Platons ausfallen. Was hätte auch der kalabresische Bettelmönch mit dem Abkömmling der Kodriden gemeinsam gehabt! Und wie hätte die Betrachtung des verkommenen Adelsnestes Neapel zu gleichem Ergebniss führen können, wie die des entarteten Freistaats Athen! Die Arbeit ist von Campanella zuerst mit allem Nachdruck zur Grundlage der Gesellschaftsverfassung gemacht worden, und zwar die Arbeit, die das Individuum nicht zerstören, sondern erhalten solle (labor non destructivus individui sed conservativus modo). Seinen Sonnenbürgern erscheint es als die grösste Lächerlichkeit, dass wir Europäer die Handwerker unedel nennen und hingegen die für adlig halten, welche keinerlei Kunst lernen. Bei ihnen giebt es nur ein e Rangabstufung: je mehr ein

Mensch Kunstfertigkeiten versteht, für um so vornehmer wird er geachtet, und je mehr wiederum eine Kunst Anstrengung erfordert, um so höher wird sie geschätzt. Recht bezeichnend ist, dass hierbei körperliche und geistige Anstrengung in eins gerechnet und der Schmied zu den Angesehensten gezählt wird. Die Vorsteher der Arbeitsabtheilungen nennen sie sogar Könige, denn dem tüchtigsten Arbeiter und nicht einem beliebigen unwissenden Müssiggänger komme dieser Name zu. Selbst die von Campanella grossartig gedachten und geschilderten Stätten der öffentlichen Bildung sind mit den Arbeitswerkstätten verknüpft; jedem Wissen wird alsbald die technische Verwerthung abgewommen, und wenn die Herrschaft der Denker auch mit Platons Gründen gerechtfertigt wird, so wird doch die Forderung des praktischen Wissens auch für sie vor allem betont.

Bei einer solchen Auffassung der Arbeit wäre für Campanella der Schritt zur völligen Negirung des Eigenthums keinesfalls gross gewesen, wenn man nicht überhaupt für den Bettelmönch und Platoniker hier den Ausgangspunkt annehmen will. Verschiedene Beweggründe bestimmen seinen Widerwillen gegen das Privateigenthum. Zunächst herrscht der Wunsch vor, die Quelle der gewöhnlichsten Laster zu verstopfen; daneben macht sich die Erwägung geltend, dass bei einer rationellen Organisation jede Fähigkeit an richtiger Stelle verwerthet, jeder theilweise Mangel ausgeglichen werden könne, sowie dass sich die Arbeitszeit auf ein Minimum herabmindern lasse; endlich aber erhebt er auch die Forderung, dass niemand mehr empfange als er verdient habe, niemandem aber auch das Nothwendige entzogen werde. Alles in allem gefasst giebt aber doch das erste rein ethische Moment für ihn den Ausschlag. Die Laster entspringen dem Egoismus, der Egoismus findet seinen hauptsächlichsten Gegenstand im Eigenthum; um jene zu bekämpfen, vernichte man also zuerst dieses. Schliesslich wird dieser ganze Kunstbau auf eine blosse Gesinnung gegründet: auf die Liebe zur Gemeinschaft, welche bleibe, auch wenn der Eigennutz aufgehoben werde.

Diesen auszuschliessen, jene zu erwecken zielt im Grunde die Mehrzahl der Vorschläge Campanellas ab: so die Perhorreszirung des Geldes und des Privathandels, die Gemeinschaft der Arbeit, der Wohnung, der Weiber und Kinder, des gesammten Lebens. Wissen, Ehren, Genüsse, so fasst er zusammen, sollen gemeinsam sein. Die Gemeinschaft des Wissens steht voran, denn das ist die Gewähr für alle andern Institutionen, dass der Bürger in seinem Geistesleben vom Staat abhängig bleibe. Dies bezwecken Campanellas grosse Museen, in denen alles Wissenswürdige und dessen Anwendung auf das Leben vereinigt ist — ein Gedanke mit dem er der Zukunft vorgriff —; dies bezwecken aber auch andere, wirksamere Mittel, welche Vergangenheit und Gegenwart schon erprobt hatten: die Ausbeutung der Religion für die Zwecke des Staates, oder, wenn man lieber will, die völlige Verschmelzung des religiösen und des politischen Lebens.

Die Beherrscher des Wissens und des Staates sind auch zugleich die Priester. Als Staatslenker begleiten sie jede Handlung der Gemeinschaft auch mit einem entsprechenden religiösen Akt; vor allem aber benützen sie die Beichte als sicherste Handhabe zur Leitung aller Einzelnen, so dass ihnen jede andere beinahe überflüssig erscheinen kann. Und dies mit Fug und Recht! Denn seitdem das Eigenthum aufgehoben und hiermit die Mehrzahl der juristischen Vergehen aus der Welt geschafft ist, sind es fast nur noch moralische Gebrechen, die korrigirt werden müssen; für sie ist der Priester der natürliche Richter und die Busse die gebührende Bestrafung. An die Stelle des Rechtes ist also die Moral getreten — eine Entwicklung, die schon bei Platon angebahnt war. Definitionen des menschlichen Wesens vertreten hier die Gesetze, selbst die Gliederung des Staatswesens entspricht dem Schema der moralischen Anlagen: so viel Tugenden, so viel giebt es auch Beamte, die jene zu pflegen und über ihre Erfüllung zu wachen haben. Die sittliche Erziehung des Individuums ist hiermit vollendet, und die Staatsform hat ihre festeste Stütze in der Ueberzeugung der Bürger selbst gefunden!

Der Kommunismus, den die Jesuiten in ihren Missionen einrichteten, ruht, wie wir genauer sehen werden, auf denselben Grundlagen, wie der Campanellas. In überraschender Weise stimmen selbst gleichgiltige Aeusserlichkeiten, wie das gemeinsame Ausrücken der Abtheilungen zur Feldarbeit mit klingendem Spiel und fliegenden Fahnen überein. Wir finden auch hier: die Schätzung und Pflege der Handarbeit, die im übrigen Südamerika verachtet wird, den Ausschluss aller Zahlungsmittel, die Besorgung des gesammten Gütertausches durch den Staat, die völlige Aufhebung des Privateigenthums, die gemeinsamen Plantagen, Werkstätten und Magazine, die Vertheilung der Lebensmittel u. a. m. Das entscheidende Moment lag auch hier in der Negirung des Eigenthums. Hierdurch — das wird oft emphatisch gepriesen — ist es dem Jesuiten gelungen, den Eigennutz bei seinen Schützlingen gänzlich auszutilgen. Die Materie, an der sich diese sündhafte Neigung des Menschen ausbilden könnte, ist ihr genommen, und so hat man sie sammt allen Lastern, die ihr entspringen, unmöglich gemacht.

Es war nöthig andere Empfindungen an die Stelle des Eigennutzes zu setzen, um die menschliche Gesellschaft zusammenzuhalten. Noch weit mehr als bei Campanella waren es in Paraguay die religiösen Affekte. Im Sonnenstaate stehen Christus und die Apostel auf einem Ehrenplatze unter den andern Wohlthätern und Umgestaltern der Menschheit, mitten unter den Statuen von Heiden und Muhammedanern: auch wird niemals die Pflicht des Unterthanengehorsams aus der priesterlichen Würde der Obrigkeit hergeleitet — vielmehr hat jene ihre Weihe nur durch die Wahl des Volkes erhalten. In Paraguay hingegen ist unter allen religiösen Gefühlen gerade das der Priesterverehrung das lebhafteste gewesen. Für die Indianer war der Glaube an die Wunderkraft des Paters, war das beständige Hineinziehen des Ueberirdischen in das Irdische durch die Person eines Vermittlers Kernpunkt ihres Denkens — und sie waren damit nur gute Katholiken. Deshalb haben die Jesuiten manches ohne besondere Schwierigkeit erreicht, was uns im Sonnenstaat schwer glaublich scheint. Es war aber auch für sie die Umspannung und Durchdringung des ganzen Lebens mit kirchlichen Maassnahmen, die beständige Beichtkontrole und der blinde Gehorsam viel mehr selbständiger Zweck als Mittel; bei Campanella lag die Sache umgekehrt.

In einem Punkt haben die Jesuiten die Wünsche des Philosophen sogar weit übertroffen. Dieser hatte zwar gemäss seiner allgemeinen Ansicht den Grundsatz aufgestellt, dass die Urtheilssprüche nur echte und wahre Heilmittel sein sollten, die mehr nach Wohlwollen als nach Strafe schmeckten; dieses humane Prinzip hatte ihn aber nicht gehindert, daneben den rohesten und barbarischsten Formen der Talion das Wort zu reden, so dass man sich billig wundern darf, dass den Sonnenbürgern gegenüber noch solche Strafen nöthig sind. Es beruhte diese Inkonsequenz bei Campanella auf der berechtigten Gegenwirkung gegen die verzweifelten und verkünstelten Rechtszustände seiner neapolitanischen Heimath. Folgerichtiger aber sind die Jesuiten verfahren, die auch den schwersten Verbrechen gegenüber nur kirchlich-moralische Zuchtmittel anwendeten.

In einem andern Punkt konnten sie freilich nicht die kommunistischen Konsequenzen Campanellas ziehen: in dem der Ehe. Die praktischen Jesuiten durften auf alle die seltsamen Vorsichtsmaassregeln verzichten, welche die nicht immer lautere Phantasie des Dominikaners sich ausmalte, um die Gefahren zu vermeiden, die dem Staat von der Anhänglichkeit an die eigene Häuslichkeit her drohten. Aber auch ihnen erschien die Zeit, die der Guarani in seiner Hütte verleben durfte, und die er in Ermangelung aller anderen Antriebe in dumpfer Indolenz hinträumte, als die einzig verlorene. Sie sind so weit gegangen, die Eheschliessung ganz schematisch von Staatswegen zu ordnen. Weiter durften sie nicht vor, denn man blieb abhängig von dem Sittlichkeitsbewusstsein, das sich in Europa auf einer ganz anderen socialen Grundlage entwickelt hatte. Wohin aber die den Dingen selbst innewohnende Logik trieb, das zeigte sich, als die Jesuitenherrlichkeit zusammenbrach: am Kommunismus, wenn auch nicht an der Arbeit, hielten die Indianer zäh fest; das erste aber, was geschah, war, dass eine erschreckende Konfusion aller geschlechtlichen Verhältnisse einriss.

Blos der Eigennutz sollte mit den Wurzeln ausgerottet werden; dass alle anderen Seiten des menschlichen Gemüths ohne Schaden gefördert und sogar benützt werden könnten, darin stimmen Campanella und die Jesuiten überein. Auch hier trennt beide eine breite Kluft von Platon, der nur die Gestaltung des Sittlichkeitsideals in seinem Staat vor Augen hat und deshalb mit rigoroser Strenge gegen alles verfahren muss, was dessen abstrakte Reinheit trüben könnte. Die kluge Berechnung des Ehrgeizes, seine Befriedigung mit Auszeichnungen, denen nur ein Affektionswerth innewohnt, die weitgehende Verwerthung einer Kunst, die den Sinnen schmeichelt, die Monopolisirung derselben für den Staatszweck — dies alles findet sich hier wie dort.

Nicht minder stimmen die Erziehungsmaassregeln für die Jugend überein, wie denn von jeher alle, die neue Gesellschaftsformen künstlich konstruiren wollten, hierbei so ziemlich auf dieselben Gedanken gerathen sind. Die gemeinsame Erziehung tritt bei beiden so früh als möglich ein. Schon während derselben findet die Auslese der Talente statt; soweit es thunlich, soll sogar die Befähigung zum Beamten aus der Leitung der kindlichen Arbeiten erkannt werden. Eine Maxime, die ganz in Campanellas Sinn läge, ist von den Jesuiten sogar deutlicher ausgesprochen und durchgeführt worden — der Grundsatz: dass der Jugend von früh an das Gefühl der Arbeitsverantwortlichkeit dadurch eingeflösst werde, dass ihr Unterhalt, soweit irgend möglich, von ihr gemeinsam erarbeitet werde.

Selbst in der Staatsverwaltung finden sich viele Uebereinstimmungen; jedoch überwiegen hier die Verschiedenheiten, da eben die Guaranis keine hochbegabten Sonnenbürger waren. Gemeinsam ist die hierarchische Herrschaft auf demokratischer Grundlage und die Verschmelzung der verschiedenartigsten Funktionen der wirthschaftlichen und polizeilichen Verwaltung, der Rechtsprechung, der kirchlichen Hilfeleistung zu einem Amte. Jedoch in den Missionen gingen wohl die niederen derartigen Beamten aus dem Volk durch dessen Wahl hervor, aber eine unüberbrückbare Kluft trennte sie von den eigentlichen Herrschern, eine Kluft, welche Campanella nicht kennt. Hier wie dort begründen Wissen und Können die Herrschaft; aber der Kreis der Wissenden ist in Paraguay ein abgeschlossener, ein wahrhaft undurchdringlicher Zauberkreis. In Campanellas System würden die Missionen etwa den Unterthanenstädten des Sonnenstaates entsprechen, in denen Gemeinschaft der Güter, aber einstweilen noch nicht die der Weiber eingeführt ist, und nach denen Sonnenbürger als Beamte geschickt werden. Nur wird auch aus solchen Orten ein Theil der Jugend in die Hauptstadt selbst aufgenommen, dort erzogen und später in die Heimath zurückgesandt, um deren Verfassung zu vollenden, während in Paraguay niemals ein Indianer, wäre es auch der begabteste und gehorsamste gewesen, in den Kreis der Halbgötter eintreten durfte.

So überraschend gleichen, bis auf jenen einen unumgänglichen Unterschied, Zug um Zug das Schema Campanellas und das Experiment der Jesuiten einander, dass man sich kaum der Vermuthung erwehren kann, jenes sei nicht ohne Einfluss auf dieses gewesen. Zwei Italiener, Cataldino und Maceta, waren diejenigen, welche den Plan dieser Verfassung entwarfen und durchsetzten. Freilich geschah dies zu einer Zeit, da Campanella in den Kerkern der Inquisition seines eigenen Ordens schmachtete. Doch mögen die beiden Jesuiten von dem Staatsideal ihres Landsmanns gewusst haben oder nicht, jedenfalls sind ihre Pläne mit den seinen derselben Wurzel entsprossen; und die Uebereinstimmung beweist das eine: wie nahe diese Gedanken den Menschen zur Zeit des höchsten Aufschwunges der Gegenreformation gelegt waren. Das ist es, was den Jesuitenmissionen in Paraguay ihr Interesse verleiht: diese Einrichtungen sind nicht das Produkt des Zufalls oder der Anbequemung an gegebene Verhältnisse gewesen; wir haben es hier in der That mit einem kunstvoll angelegten Experiment von grosser Tragweite zu thun.

Seit der Mitstifter des Ordens, der h. Franz Xaver, der Apostel der südasiatischen Völker geworden war, hatten die Jesuiten eine Missionsthätigkeit sonder gleichen entfaltet. Wäre ihre Thätigkeit in Europa nicht allzu bekannt, man müsste glauben, dass sie allein auf jene andere in den fremden Erdtheilen den höchsten Werth gelegt haben. Fast bei sämmtlichen heidnischen Völkerschaften, zu denen ihnen der Zutritt möglich war, nahmen sie das Bekehrungswerk zugleich auf, und mit ihrer traditionellen Klugheit wussten sie ihre Maassregeln dem Charakter und dem Bildungsgrad eines jeden Volkes anzupassen. Höchst verschieden klingen daher die Berichte, die sie aus China und Japan, aus Indien, aus Kanada, endlich aus Südamerika in die Heimath sandten und die sie zur Erbauung, Belehrung und Unterhaltung der Gläubigen in ihren Journalen mittheilten [1]). Ob sie mit diesen ihren Konzessionen Wesentliches aufgeopfert, darüber entbrannte innerhalb der katholischen Kirche ein Kampf mit Gegnern und Nebenbuhlern. Siegreich gingen sie aus demselben hervor; und wenn dann trotzdem nach den grössten Erfolgen zuletzt

---

[1]) Lettres édifiantes und Journal de Trevoux, unter allen drei Gesichtspunkten vorzüglich redigirte Blätter. Siehe unten.

alle ihre Bemühungen jählings scheiterten, so lag im Gegentheil der Grund hierfür darin, dass die Klugen übermüthig geworden, dass sie die Maske den heidnischen Gebietern gegenüber zu früh weggeworfen hatten.

Nirgends hatten sie weniger Zugeständnisse zu machen, nirgends konnten sie daher mit mehr Freiheit verfahren als in Paraguay [1]). Ihre eigentlichen Gegner waren hier nicht die Heiden, sondern vielmehr die einheimischen Christen, die Enkel der Konquistadoren. Die Verfassung, die Irala, der Eroberer Paraguays, dem halb unabhängigen Feudalstaat gegeben hatte, beruhte gleich der von Peru auf dem System der Kommanderien, d. h. die Indianer waren als Grundhörige an einzelne Herren vertheilt, denen es fast gänzlich unbenommen blieb, ihr Recht auf Abgaben und Arbeitsleistung nach Willkür auszudehnen. Da hier so wenig als irgendwo der Spanier seinen Charakter verleugnete, wonach er nur erwerben will, ohne seinerseits das Geringste zu leisten, so entwickelte sich von Anbeginn die schlimmste Leibeigenschaft, die drückender war als die Sklaverei selbst. Es war allgemein zugestanden, dass die strengere Form der Kommende, die sich nicht mehr wesentlich von der Sklavenplantage unterschied, für den Indianer die günstigere sei, weil der Herr bei ihr wenigstens ein Interesse an der Existenz des Arbeiters hatte. Diese Zustände wurden noch besonders unleidlich dadurch, dass sich die Eroberer hier nicht wie in den anderen spanischen Besitzungen rein erhalten hatten; vielmehr war in dieser abgelegenen, durch beinahe unzugängliche Einöden von der Welt geschiedenen Provinz schon seit der ersten Generation ein spanisch-indianisches Mischvolk erwachsen.

Mit jenem System hatten die Bekehrer von Anfang an und überall einen entschiedenen Kampf geführt; sie hatten wenigstens von Päpsten und Königen eine Reihe von Privilegien erhalten, welche die persönliche Freiheit der Indianer bekräftigten — Privilegien, die in seltsamer Umwandlung der Dinge im 18. Jahrhundert von ihren Gegnern gerade gegen ihr Bevormundungssystem gedeutet wurden —; sie hatten für die spanischen Kolonien eine Gesetzgebung durchgesetzt, die von der grössten Milde und Rücksicht gegen die Eingebornen beseelt war; sie hatten es erreicht, dass in der Verfassung für eigene Aemter zum Schutz der Indianer gesorgt ward. Aber was half das alles Zuständen gegenüber, die auf Eroberung, Unterdrückung und Ausbeutung beruhten! Die Gesetze blieben leere Formeln, und gerade der gefährlichste

---

[1]) Die Grundlage für die Kenntniss der Ereignisse bilden die zahlreichen in der Coleccion de obras y documentos ed. de Angelis mitgetheilten Schriften, daneben die Conquistad espiritual Montoyas, die Historia provinciae Paraqu. des Nic. del Techo, die Conquista de Paraguay Lozanos, und Charlevoix' Uebersicht.

Gegner, den die Jesuiten und ihre Schützlinge gefunden, Joseph Antequera, hat das Amt des „Vertheidigers der Indier" bekleidet und bekannt gemacht.

Auf eine Veränderung der Verfassung von Grund aus musste jeder bedacht sein, der die Lage der Farbigen verbessern wollte. Schon im Entdeckungszeitalter hatte Las Casas solche Pläne entworfen und mit dem ihm eigenen glühenden Eifer vertreten. Aber er redete stets einer möglichst grossen Annäherung und möglichst raschen Verschmelzung der beiden Rassen das Wort. Sein erster Vorschlag, den er den beiden Söhnen des Columbus vorlegte und den er noch in seinem Alter für den besten zu erklären geneigt war, ging dahin, dass längs der Küsten eine Kette von Faktoreien angelegt und von hier durch den Handel Christenthum und Zivilisation ins Innere getragen werden sollten. Wichen auch die Jesuiten prinzipiell von solchen Ideen ab, so haben sie doch dankbar Las Casas als ihren Vorläufer anerkannt und noch im 18. Jahrhundert in den Lettres édifiantes Denkschriften desselben als zeitgemäss herausgegeben[1]). Ihrem Orden gehörte dann bereits der zweite bedeutende Kämpfer an, Valdivia, der in Peru und Chile den Eingebornen neben und zwischen den Spaniern einen Rest von Freiheit zu wahren suchte. Zu einer Lösung der Frage, wie man den Indianern Christenthum und Zivilisation zu bringen habe, ohne sie zu Sklaven zu machen, gelangte man aber erst in Paraguay. Dort waren den Jesuiten einzelne Franziskaner vorausgegangen, heldenmüthige Männer, die gleich den weltlichen Eroberern einen geistlichen Siegeszug unternehmen wollten, ohne zu bedenken, dass es bei einer geistigen Eroberung nicht auf rasches Zugreifen ankommt. Fast unglaublich sind die Angaben, wie viele Tausende von ihren Händen die Taufe empfangen haben, wüsste man nicht, wie leicht jene geistlichen Abenteurer sich gerade diese Aufgabe machten. Immerhin hat schon einer von ihnen die erste nothdürftige Grammatik der Guaranisprache zum Gebrauch des Missionärs zusammengestellt[2]).

Wenn die jesuitischen Geschichtschreiber von diesen früheren Glaubensboten erzählen, so geschieht es mit einer Mischung von Anerkennung und Ironie; die ersten Missionäre ihres eigenen Ordens, wenig bedeutende Persönlichkeiten, unterschieden sich jedoch kaum merklich von jenen; auch ihre Thätigkeit blieb deshalb erfolglos, mochte auch später ein ganzer Legendenkreis um ihre Berufung durch den Bischof von Assumpcion, der ein Verwandter des h. Ignatius war, und um ihre Wirksamkeit gezogen werden[3]).

---

[1]) Lettr. édif. rec. 20.
[2]) Charlevoix, Geschichte von Paraguay I p. 254.
[3]) Besonders bei Techo und in Paraquaria ad ecclesiam reducta.

Erst allmählich kam man im Lauf der Erfahrung zu der Einsicht, dass ein wirksamer Schutz der Indianer nur ausgeübt werden könne, wenn man die beiden so ungleich starken Rassen scharf von einander scheide; und ein derartiges Experiment konnte man durchsetzen in dieser Provinz, die der spanische Staat gelassen hergab zu solchen Proben, weil sie ihm weniger eintrug, aber nicht weniger unbotmässig war als die anderen. Uebereinstimmend wird die erste Idee der neuen Verfassung zwei Italienern, Cataldino und Maceta, beigelegt; das Gelingen ihrer Versuche in einem Landstrich, in dem die Europäer seit 70 Jahren gekämpft hatten, ohne ihr Kommendensystem dauernd durchsetzen zu können, hatte zur Folge, dass ihre Pläne gebilligt wurden.

Unter der Leitung des rastlos thätigen Provinzials Diego Torres nahm nun alsbald die ganze Missionsarbeit eine andere Richtung. Das nothwendige Privileg des Königs, welches die Ausschliessung der Spanier von den Reduktionen — dies war die offizielle Bezeichnung der neuen Niederlassungen — billigte, war leicht erlangt[1]). Wie weit auch die innere Verfassung alsbald vollendet war, ist trotz aller Ausführlichkeit der Quellen nicht zu ersehen. Weit eingehender sind wir über jedes Wunder unterrichtet, welches das Gott wohlgefällige Werk begleitete, als über die Maassregeln irdischen Scharfsinnes, denen es sein Bestehen verdankte.

Je rascher die Reduktionen aufblühten, um so mehr wuchs auch Eifersucht und Besorgniss der spanischen Nachbarn. Bei diesem Streit, in dem sich fortan die ganze Geschichte Paraguays bewegt, ist es fast unmöglich auch nur die geringste Sympathie für die Vertreter der weltlichen Macht zu hegen. Neid und blinde Habgier beseelten sie durchweg und spiegelten ihnen die tollsten Dinge vor. Immer wieder erneuerte Untersuchungen, die von den Jesuiten selbst gefördert wurden, haben bis zuletzt den Glauben nicht zerstören können, dass das Innere des Missionen-Landes grosse Goldminen berge. Mit der grössten Ungenirtheit wurde fortwährend die Absicht ausgesprochen, die Jesuiten aus ihrer Schöpfung zu vertreiben und die Indianer ihrer natürlichen Bestimmung, der Vertheilung in Kommenden an ihre rechtmässigen Herren zuzuführen.

Das 18. Jahrhundert brachte zwar keinen Wechsel der Gesinnung, wohl aber einen der Polemik: nun wurde aus dem Gesichtspunkt der natürlichen, dem Indianer von den Jesuiten genommenen Freiheit heraus disputirt; die Denunziationen bei der Regierung, die, durchaus von gleichem Schlage, auf einen Theil des Raubes lüstern gemacht werden sollte, gingen mittlerweile ununterbrochen fort. Auch jener Antequera, der begabteste Führer, den das Kreolenthum in Südamerika gefunden

---

[1]) Bei Charlevoix I p. 321 und 342.

hat, oft als Vorläufer der Befreier des 19. Jahrhunderts bezeichnet, steht doch kaum höher. Die unwiderleglichste Verurtheilung der Spanier liegt aber in der Art, wie sie nach dem Sturz des Ordens gleich einer Horde gieriger Wölfe in das so lange vor ihnen geschützte Gebiet einbrachen, und es binnem kurzem zu Grunde richteten.

Mit den spanischen Grundbesitzern gingen die kirchlichen Behörden meist Hand in Hand. Es gehörte zu den Ausnahmen, dass die Jesuiten in Buenos-Ayres und Cordoba ihnen günstige Ernennungen durchsetzten; die Bischöfe von Assumpcion erscheinen sogar fast regelmässig als ihre erbitterten Gegner. Oft beruhte diese Feindschaft auf alter Eifersucht der Gesellschaften, denn jene Bischöfe waren meistens dem Franziskaner- und Dominikaner-Orden entnommen. Jesuiten durften keinen Bischofssitz einnehmen — dieser Grundsatz war für die Organisation der Gesellschaft unentbehrlich, aber er hat ihr in Südamerika entschieden zum Nachtheil gereicht. Es gab unter jenen Gegnern einzelne, die mit aufrichtigem Abscheu die Vermischung des Geistlichen und Weltlichen betrachteten, welche die Jesuitenmissionen überall kennzeichnete; so der Eiferer Palafox in Zentralamerika, dessen schwerwiegende Anklagen ein Hauptrüstzeug der Jesuitenfeinde bis auf Pombal hin blieben. Die Mehrzahl der südamerikanischen Bischöfe hatte die alte Klage zu erheben, dass sich der Jesuit ihrer Kontrole entziehe und dass er nicht daran denke, auch nur das Geringste für die Kirche der Diözese beizutragen — Vorwürfe, die bei den Reduktionen besonders ins Gewicht fielen, da es dort neben dem Pater einen Weltgeistlichen überhaupt nicht gab.

Noch mehr: die Jesuiten suchten die Macht, über die sie in den Missionen unbedingt geboten, auch auszubeuten, um sich den dauernden herrschenden Einfluss zunächst in den kirchlichen, hierdurch auch in den weltlichen Angelegenheiten des übrigen Paraguay zu sichern. Hierüber kam es schon früh, schon zur Zeit des ersten grossen Aufschwungs der Missionen, zum offenen Kampf und Bürgerkrieg. Der Bischof Cardeñas und seine Anhänger stritten zugleich auch mit einer Reihe von Schriften, in denen zuerst der Welt die Gemeingefährlichkeit der jesuitischen Missionen demonstrirt wurde, und die mehr als ein Jahrhundert später Pombal noch wichtig genug erschienen, eine neue Ausgabe von ihnen zu veranstalten[1]). Die Jesuiten, obgleich scheinbar Sieger, gingen nicht ohne schwere Verluste aus dem Kampfe hervor; damals ist sogar eine Verordnung erlassen worden, wonach die Reduktionen allmählich in gewöhnliche bürgerliche Gemeinden

---

[1]) Schon vorher hatten es die Jansenisten gethan. Haremberg, Geschichte der Jesuiten (1760) I p. 586.

übergeführt werden sollten, in denen den Jesuiten sogar die Seelsorge benommen gewesen wäre.

Man wusste sich solchen Bestimmungen gegenüber in ruhigeren Tagen mit einigen leeren Formalitäten zu helfen. Doch rissen seitdem die fortwährenden Reibereien mit den geistlichen und weltlichen Behörden von Paraguay nicht mehr ab, bis nach den Unruhen Antequeras die Trennung der Missionen von der Provinz Assumpcion überhaupt ausgesprochen wurde. Nach Tucuman und Buenos Ayres, wohin auch der Handel jetzt allein gelenkt wurde, führten nur die grossen Wasserstrassen durch unermessliche Steppen und Waldwüsten; mit den Kommanderien Paraguays berührte man sich in langer Landgrenze, und das machte die Feindschaft mit ihnen gefährlicher.

Wenn so nach Westen die Spanier, die doch demselben Staatswesen angehörten, alles andere eher als Freunde waren, so hatte man sich nach Osten, wo der reichste Theil der Missionen lag, gegen offene Feinde vorzusehen. Aller Gunst ungeachtet, die die Jesuiten am portugiesischen Hof genossen, haben sie sich doch in Brasilien nur ein geringes Wirkungsfeld bereiten können. Ihre spärlichen Niederlassungen am Amazonenstrom wurden stets mit Argwohn betrachtet, ihr Staat an den südlichen Grenzen war ein Gegenstand beständiger Begehrlichkeit, die dann zuletzt verhängnissvoll für die Schicksale des ganzen Ordens werden sollte.

Weit schlimmer als die portugiesische Obrigkeit war jedoch die fast unabhängige Mischbevölkerung, die in der Provinz S. Paulo ihren seltsamen Raubstaat gegründet hatte und von hier aus entsetzliche Menschenjagden und Verwüstungszüge durch den grössten Theil Südamerikas unternahm[1]). Furchtbar haben die Missionen von diesen ihren Erbfeinden gelitten, die mit jeder Art Gewalt und List — ihre Emissäre verkleideten sich sogar als Jesuiten — das ihnen so wohl gelegene Plünderungsobjekt aussogen. Die ursprünglich bedeutendste Pflanzung in der Provinz Guayra am Oberlauf des Uruguay fiel ihnen ganz zum Opfer. Der dürftige Rest der Bewohner, geführt von dem heldenmüthigen Missionar Montoya, flüchtete sich südlich, und erst seitdem blühten die Reduktionen am mittleren Uruguay recht auf. Damals erwarb Montoya mit grösster Anstrengung von der Regierung zu Madrid für die Indianer das Recht Feuergewehre zu tragen — der Schutz der Spanier hatte sich als ganz unzureichend erwiesen —; und er vollendete die Verfassung der Missionen, indem er ihnen den kriegerischen Charakter aufprägte. In dem Jahrzehnte lang

---

[1]) Hantelmann, Geschichte Brasiliens. Die Provinz S. Paulo, treffliche Darstellung. In den Lettr. édif. rec. 25 p. 42 ein amtliches Register, wonach die Paulisten binnen 5 Jahren 300 000 Indianer wegtrieben, von denen nur 20 000 bis nach S. Paulo kamen.

fortgesetzten Kampf gegen die Paulisten hat dann die Jesuitenkolonie die Feuerprobe ihrer Existenzfähigkeit abgelegt. Es wurde später an dieser Grenze friedlicher, der Hass der Eingeborenen gegen die Portugiesen blieb aber als beständiger Rest zurück.

Während so nach aussen hin die Geschichte der Missionen sehr stürmisch verlief, stand im Inneren ihrer ruhigen Entwicklung nichts im Wege, und mit sicherem Schritt ging man hier vorwärts. Eine Reduktion nach der anderen wurde gegründet, und zuletzt zählte das geschlossene Gebiet 31 Niederlassungen, deren grössere Zahl zu beiden Seiten des Uruguay (sieben auf dessen linkem Ufer) lag. Im Gebiete des heutigen Staates Paraguay befanden sich nur wenige und ärmere Missionen, jedoch sind diese die einzigen, von denen sich noch jetzt Reste vorfinden. Die Bewohner dieses Gebietes, meist gegen 100000, gehörten sämmtlich dem grossen Volksstamm der Guaranis an. Weiter westlich gegen S. Fé zu, im Gebiet der Mokobier und Abiponer lagen verstreute Missionen, die zum Theil erst angelegt waren, um die Städte Tucumans vor den kriegerischen und mit Waffengewalt nicht bezähmbaren Nachbarn zu schützen; nördlich unter sehr verschiedenartigen Völkerschaften, deren wichtigste die Chiquitos sind, fand sich wieder ein grösseres Missionsgebiet, das von Peru aus gestiftet war, aber alsbald den Anschluss an die südlichen Missionen suchte[1]). Die Verfassung, längst vollendet in den älteren Kolonien, war hier nur zum Theil durchgeführt.

Zur Zeit der Ausweisung der Jesuiten fanden sich deren in den gesammten Gebieten von Paraguay, Tucuman und Buenos Ayres gegen 400 vor; mit der Leitung der 31 Missionen sind nie viel mehr als 100 betraut gewesen. Mit Bewunderung vor den Personen wird man stets betrachten müssen, was diese geringe Anzahl geleistet, und hohen Werth haben diese Ordensmänner, von denen Montesquieu bemerkt, der Wunsch nach Ruhm sei ihre grösste Leidenschaft gewesen, in der That auf die persönliche Anerkennung der Nachwelt gelegt. Ihre Geschichtschreibung erliegt beinahe, gleich jedem offiziellen Kriegsberichte, unter der Last, dass jedes einzelne Verdienst gebucht werden musste; aber andererseits hat sie auch in der Biographie, in der liebevollen Schilderung des Einzelwirkens ihr bestes geleistet, namentlich seit mit dem 18. Jahrhundert die legendarische Verbrämung nach und nach in Wegfall kam. Der Ruhm des Einzelnen fiel doch wieder auf die Gesellschaft zurück! Die bewunderungswürdige Organisation derselben, die es ermöglichte, jede Individualität zu verwerthen, jeden an die Stelle zu senden, wo seine Eigenschaften am

---

[1]) Ueber die deshalb unternommenen Expeditionen genaue Nachrichten in Lettr. édif. rec. 25 und Geschichte der Chiquitos.

besten zu verwenden waren, zeigt sich kaum irgendwo glänzender als in Paraguay. Eine erstaunliche Mannichfaltigkeit der Individualitäten tritt uns noch in diesem kleinen Kreise, in diesem einförmigen Leben entgegen, und alle wirken zu dem **einen** Zweck zusammen.

Da sind zuerst Feuerseelen wie Diego Torres und vor allem Montoya — die bedeutendste Persönlichkeit, die auf diesem Felde gearbeitet hat —, Männer, die durch jede Schwierigkeit nur angespornt, durch jeden Misserfolg nur aufgestachelt wurden, die sich beständig mit den grössten Plänen trugen und vor Aufgaben, wo der Erfolg am unwahrscheinlichsten war, am wenigsten zurückschreckten. Als Torres im Greisenalter von der Verwaltung der Provinz zurückgetreten war, ergriff ihn bei der Rückkehr nach Peru die Verwahrlosung der Negersklaven so, dass er noch einmal mit Jugendeifer sich auf dieses neue Wirkungsgebiet warf.

Die Bedeutung solcher Männer lag in der Leidenschaftlichkeit ihres Wesens, wie denn Montoya erst nach wild verlebter Jugend der Paulus dieser Gründungen geworden ist[1]. Wo es nöthig war, konnten auch sie recht geschickte Diplomaten sein, es fehlte aber auch sonst in Südamerika dem Orden nicht an den feinen, staatsmännischen und intriganten Naturen, an denen er in Europa so reich ist. Dürfen wir nicht schon in den beiden Italienern, die den Plan der Verfassung entwarfen, solche voraussetzen? Im 18. Jahrhundert begegnen uns dann Politiker wie der kluge Escandon, der geschickteste Vertheidiger des Ordens, der zugleich mit seinem Ordensbruder Lozano, dem Geschichtschreiber Paraguays[2], in Madrid das drohende Ungewitter noch auf mehr als ein Jahrzehnt zu beschwören verstand.

Auch eine Reihe tüchtiger Gelehrter hatte man aufzuweisen. Die einheimische Geschichte und Philologie, nicht minder die Naturwissenschaften und die Geographie fanden Pflege und nutzbare Verwerthung; die Universität Cordoba, an den Grenzen der Steppen Tucumans gegründet, aber stets mit den Missionen in engster Beziehung stehend[3], gab wenigstens keiner anderen Jesuitenuniversität etwas nach. Nicht nur das gelehrte Verdienst, auch jegliches andere ist uns mitgetheilt worden: der Ruhm der deutschen patres, die die musikalischen Anlagen ihrer Schutzbefohlenen ausbildeten, der italienischen Künstler, welche jene noch in ihren Ruinen imponirenden Kirchen errichteten, der emsigen Niederländer, die mit unendlicher Mühe die Uhrenfabrikation einführten, —

---

[1] Del Techo p. 105 ff.
[2] Lozano, Conquista de Paraguay ed. Lamas, Buen. Ayr. 1873; vgl. die Vorrede. Peranas Vita Andreu und Vita Escandonii etc.
[3] Ueber sie u. a. Napp, Argentinische Republik p. 400 ff.

wir kennen selbst den Namen des Münchener Zinngiessergesellen und Laienbruders, der die Altäre mit ihrem Schmuck versah! Und doch stimmen alle diese verschiedenen Naturen in bestimmten Zügen überein von dem fanatischen Montoya an, der fast nur in einer übersinnlichen Welt zu leben glaubte, bis auf die Baucke und Dobrizzhofer, wahre Typen des toleranten Landpfarrers der Aufklärungszeit. Darin lag eben das Geheimniss des Ordens: solche Mannichfaltigkeit zur Einheit zu verbinden.

Es waren ganz bestimmte Eigenschaften, die jeder Einzelne besitzen musste, sollte er seiner Aufgabe gerecht werden. Zunächst bedurften alle grossen praktischen Taktes und vielseitiger technischer Fähigkeiten. Jegliches Handwerk, jede Kunst, jeden Handgriff des Ackerbaues hatten sie selber mit unermüdlicher Geduld und mit kluger Menschenberechnung erst zu lehren, später mit Sachkenntniss zu beaufsichtigen. Sodann verlangte die gebieterische Nothwendigkeit kriegerische Tüchtigkeit und Wachsamkeit gegen Heiden und Mamelucken — so nannte man die Bewohner von S. Pablo —; der Krieg durfte für das „fliegende Corps" der Kirche nichts Abschreckendes haben[1]).

Anfang und Ende, der Grund, aus dem alles andere hervorwuchs, und das Ziel, auf das alles bezogen wurde, blieb aber doch die religiöse Gesinnung. Sie äussert sich als schwärmerische Hingabe an die erkorene Thätigkeit, als feste Ueberzeugung von der Verdienstlichkeit derselben für das Himmelreich, vor allem als Glaube an die Wunderkraft der Taufe und des Sakraments in der Hand des Priesters. Kein einziger dieser Männer, dem nicht das Bild des Märtyrerthums beständig vor der Seele geschwebt hätte, — giebt es doch dem Katholiken den stolzesten Anspruch! Nicht jeder spricht dies freilich so naiv aus wie jener Münchener Zinngiesser, der seinem alten Meister schreibt: er möge für ihn beten, dass bald ein Indianer einen Pfeil, mit denen sie freigebig genug seien, auf ihn anlege, um ihm zur Märtyrerglorie zu verhelfen.

Aufs ängstlichste sind die Bekehrer besorgt, dass niemand, der nur einigermaassen auf dem Wege zum Christenthum sich befindet, ungetauft bleibe; der hier wie bei allen Barbarenvölkern häufige Kindermord erscheint ihnen wegen der leichtsinnig verscherzten ewigen Seligkeit der Neugeborenen als besonderer Gräuel. Vielleicht niemals seit den Zeiten der ersten Christen war bei Bekehrern und Bekehrten die Vorstellung so lebendig gewesen, dass die Wunderwirkung des Sakraments unmittelbar mit der Aufnahme in den Christenhimmel verbunden sei: wieder wie in Constantins Zeit wird mit besonderer

---

[1]) Auch eine eisenfeste Gesundheit und beständige Jugendlichkeit gehörte zu diesem Leben; Berichte hierüber Lettr. édif. rec. 25.

Andacht erzählt, dass der Täufling in albis, noch im Taufgewande, gestorben sei. Jede andere Thätigkeit trat neben der Verdienstlichkeit dieser in den Schatten oder erschien als blosses Mittel. Es ist wahrhaft rührend, was der sonst fast rationalistische Baucke, dessen höchster irdischer Stolz war, Unterthan Friedrichs des Grossen zu sein, von sich erzählt: als er mit unendlicher Mühe den Wilden die ersten Begriffe des Ackerbaues beigebracht hatte und er sie nun von selber arbeiten sah, warf er sich weinend unter einen Baum in dem Gedanken, dass er nur für das zeitliche Wohl habe sorgen müssen und noch nicht habe taufen und predigen dürfen — er war bis dahin nur Gehilfe.

Und diese Gesinnung war die Grundlage nicht nur für die Heidenbekehrung, sie blieb es dauernd für das Staatswesen; nicht nur konnte sie allein dem Geist des Missionärs die nöthige Spannkraft verleihen, sie sollte und musste auch den Geist jedes Untergebenen durchdringen: durch den Hinblick auf ein Jenseits lenkte man die Gemüther und beherrschte das Diesseits.

Um mit einer solchen Gesinnung ein Staatsideal ins Leben zu rufen, fanden die Jesuiten ein vortreffliches Material vor. Die Religion dieser Wilden hatte bisher fast nur in einer dumpfen Scheu vor den Zauber- und Gaukelkünsten ihrer Priester bestanden. Die früheren Missionäre hatten selbst fest an die Realität derselben geglaubt und mannhaft mit den vermeintlichen Erscheinungen des Teufels und mit dessen Dienern gestritten — wie es im 17. Jahrhundert eben überall geschah; ihre aufgeklärteren Nachfolger spotteten selbst über die, welche aus Betrügern Hausfreunde des Satans machten. Für die besonderen Aufgaben der Jesuiten blieb es aber, sobald nur einmal die Autorität jener heidnischen Priester entwurzelt war, von entschiedenem Vortheil, dass der Indianer an Gehorsam gewöhnt war gegen den Mann, welcher ihm ein früher schreckliches, jetzt freundliches unbekanntes Etwas vermittelte.

Schlimmeren Stand als gegen die heidnische Konkurrenz hatte der Pater aller Orten gegen die eingewurzelte Trunksucht der Wilden. Es wird als durchgängige Regel angeführt, dass der Indianer ohne allen Nutzen im Glauben unterrichtet werde, wenn ihm nicht zuvor das Trinken abgewöhnt sei. Man führte in den Missionen einen ununterbrochenen Vertilgungskampf gegen den Johannisbrotbaum, aus dessen Schoten das landesübliche berauschende Getränk bereitet wurde; und die Sorge in den Städten, die Schutzbefohlenen vor der Bekanntschaft mit dem Weine zu bewahren, hat einen beinahe burlesken Anstrich. Das sicherste Mittel war die allmähliche Gewöhnung der Indianer an den Paraguaythee, den ihnen zum Lebensbedürfniss zu machen den Jesuiten in der That gelungen ist.

Im übrigen waren alle Stämme, auf die sich die Missionsthätigkeit erstreckte, höchst gutmüthig und lenksam, auch diejenigen, welche den Spaniern den hartnäckigsten bewaffneten Widerstand entgegengesetzt hatten; mit thierisch rohen Kannibalen hatte man es nur in wenigen nördlichen Missionen zu thun. Auch werden uns manche Züge eines gesunden Humors von ihnen berichtet; fast ganz fehlte ihnen dagegen jener Scharfsinn, der vielen anderen der amerikanischen Wilden eigen ist. Etwas mehr oder weniger Lebhaftigkeit war es allein, was man zum Unterschied der einzelnen Volksstämme anführen konnte; wohl aber besassen sie alle die beste Mitgabe für die Zwecke der Jesuiten: eine grosse natürliche Nachahmungsgabe, die zwar zunächst nur kindische Lust am Nachmachen war, die jedoch ausgebildet werden konnte. Freilich wird zugleich übereinstimmend versichert, dass trotz der grössten manuellen Geschicklichkeit ihnen doch jedes eigene Talent zu erfinden oder zu verbessern abging, und dieser Zug hatte sich auch im Verlauf eines Jahrhunderts der Kultur nicht geändert.

Für einen Kunstbau rein nach dem Sinne des Baumeisters, einen religiös-sozialen Staat, wie ihn Campanella geträumt hatte, in jesuitischer Umformung, konnte es gar keine besseren Werkstücke geben als diese Guaranis. Dass das Resultat ein höchstes an sich sei, haben die Jesuiten oft ausgesprochen und nur manchmal der Vorsicht halber geleugnet. Thaten sie dies letztere, so erklärten sie: es sei unmöglich ohne eine solche Verfassung den Wilden Zivilisation einzuimpfen[1]). Ein Gleiches versichern auch heut wieder alle, die jene Gegenden besucht haben und von dem Gegensatz lebhaft betroffen waren, in dem die majestätischen Ruinen inmitten des Urwaldes, die noch jetzt beredtes Zeugniss ablegen für ein gewaltiges Wollen, mit der stumpfen Apathie der Umwohner stehen[2]). Im vorigen Jahrhundert haben Männer, die das Bestreben hatten vorurtheilsfrei zu sein, aber die Missionen schon im Zustand völligen Verfalls sahen, dennoch das Gegentheil behauptet, und sie haben zwar das von den Jesuiten Geleistete anerkannt, aber ihre Methode verurtheilt.

Halten wir uns an einige beglaubigte Thatsachen! Es werden uns von den Jesuiten so viele Züge aus dem Leben der Indianer mitgetheilt, die auf ein gesundes Begriffsvermögen schliessen lassen, sie fanden bei ihren vielen nothwendigen Unterbeamten so viel praktisches Verständniss und Liebe zur Sache, die gesammte Einwohnerschaft zeigte schliesslich so viel aufrichtige Anhänglichkeit an ihre Kultur und so

---

[1]) Lettr. édif. rec. 21 die beste derartige Demonstration.
[2]) U. a. Moussy, Demersay, Avé-Lallemant; auch Rengger, anfangs von entschiedener Abneigung gegen die Jesuiten beseelt, kommt zuletzt zu dieser Ansicht.

viel guten Eifer dieselbe zu vertheidigen, wenn sie nur einen Führer gehabt hätte, dass in der That schwer zu glauben ist: solche Eigenschaften seien nicht der Entwicklung fähig, ein solches Volk sei zu dauernder völliger Unmündigkeit verdammt. Um europäische Freiheit kann es sich hierbei natürlich nicht handeln. Innerhalb der jesuitischen Verfassung konnten sich aber diese Fähigkeiten überhaupt nur bis zu einem gewissen, sehr niedrigen Grad entfalten. Für die Selbständigkeit und den Kampf der Individuen konnte hier kein Raum bleiben, und dies rechnete man jesuitischerseits sich zum Vorzug an! Man wollte Vollkommenes erlangen und kam daher nur bis zu einem glänzenden Scheingebäude, dem der innere Halt fehlte. Die Schuld aber liegt weniger an den Männern, die ihr Leben für dieses Ziel mit einer Begeisterung einsetzten, wie sie die Geschichte nur selten gesehen hat, sondern an der falschen Idee, zu der sie durch eine übermächtige geschichtliche Nothwendigkeit gedrängt wurden. Das Urtheil über die Geschichte der Jesuiten in Paraguay wird daher mit dem über ihre sociale Verfassung zusammenfallen. Fassen wir daher diese ins Auge.

Wir sahen, wie die Organisation der Jesuiten mit der rigorosen Ausschliessung der Spanier aus den Missionen begonnen hatte, und wie eine solche für den Bestand des Werkes weiter nöthig blieb. Jedesmal, wenn eine Neugründung unternommen wurde, sah man sich nach kurzer Zeit genöthigt zum alten Prinzip zurückzukehren, wenn man anfangs, um den nie endenden Vorwürfen der Kreolen zu entgehen, aufrichtig die Berührung gestattet hatte. Als die Madrider Regierung nach ausgezeichneten Kriegsdiensten der Guaranis an der Mündung des La Plata Jesuitenmissionen gründen wollte, lehnten die Jesuiten das Anerbieten dankend ab: die Abgeschiedenheit gehörte mit zu ihren „Reduktionen"[1]).

Eine derartig verdorbene Halbkultur, wie sie in den spanischen Städten herrschte, konnte auf die Wilden nicht anders als höchst zersetzend und verderblich wirken. Dass vollends den umherschweifenden Spaniern nicht die geringste Gastlichkeit erwiesen wurde, war durch trübe Erfahrungen[2]), die man mit solchen hatte machen müssen, nur zu sehr gerechtfertigt. Die natürliche Abneigung der Indianer gegen die Eroberer, das Bewusstsein, dass sie von ihnen zur Knechtschaft bestimmt seien, kam hierbei den Jesuiten zu Hilfe. Kaziken, die man zu gewinnen suchte, meinten wohl: „man werde auch den Vätern nicht recht trauen, wenn sie so gute Freunde der Spanier wären"; die deutschen Missionäre, die so wie so eine gründliche Verachtung alles Spanischen besassen,

---

[1]) Lettr. édif. rec. 21.
[2]) Decret. Phil. V.

benutzten den Hinweis auf ihre verschiedene Nationalität geradezu, um sich ihre Arbeit zu erleichtern[1].

Ob die Gesellschaft eine solche Gesinnung der Indianer, die ihren Zwecken sehr gelegen kam, verschärft habe, darum handelte es sich bei den Streitigkeiten besonders. Das was ein Jesuit in einer offiziellen, dem spanischen Hofe eingereichten Denkschrift den Indianern zuruft, klingt in der That nicht gerade versöhnlich: sie, die treuesten Unterthanen des Königs, stets bereit seinem Wink zu gehorchen, wolle man einer kleinen Zahl von Menschen aufopfern, die sich jederzeit durch Treulosigkeit, Ungehorsam, Nachstellungen gegen den König selbst ausgezeichnet hätten, die sich den nichtigen Titel „Eroberer" anmaassten, der nur ihren Vorfahren gebührt habe, und die fast alle die zahlreichen Völkerschaften zerstört hätten, die man ihnen 40 Meilen im Umkreis um die Stadt Assumpcion eingeräumt habe. Dass man wirklich eine solche, jedermann, auch dem Indianer, wohlverständliche Sprache in den Missionen geführt, kann kaum zweifelhaft sein: die in der Guaranisprache verfassten Manifeste, deren Uebersetzungen Pombal publizirte, lauten ganz ähnlich.

Mit den Ansichten der spanischen Regierung musste man hier in unlösbarem Widerspruch stehen. Jene betrachtete die Ausschliessung der Europäer als ein einstweilen unumgängliches Zugestängniss, den Jesuiten war sie eine dauernd werthvolle Errungenschaft. In den Schulen wurde wohl etwas spanisch gelehrt, aber weit über den Schein, die Vorschrift erfüllt zu haben, ist man ganz gewiss dabei nicht hinausgegangen. Auch redete schon damals jeder in Paraguay ansässige Spanier die Guaranisprache[2]. Dass dieselbe zur „allgemeinen Sprache" des ganzen südwestlichen Drittels Südamerikas wurde, ist aber doch erst den Bemühungen der Jesuiten zuzuschreiben, die sie zur Schriftsprache umgestalteten, sie an der Universität Cordoba pflegten, und aufrichtig von „der schönen, wohllautenden und harmonischen Sprache" entzückt waren[3]. Sehr übel empfand man daher die grosse Mannichfaltigkeit der Dialekte weiter nach Norden hin, im Chaco; ein ehrlicher Missionär, der von einem Dorf zum andern bei jeder Diminutivvölkerschaft eine andere Sprache fand, brach endlich in den Verzweiflungsruf aus: es sei diese Zersplitterung eine der schlimmsten Veranstaltungen des Satans, um die Ausbreitung des Christenthums zu hindern. Hier stellte man aus 39 Dialekten eine gemeinsame Verständigungssprache zusammen[4]; man strebte aber zugestandenermaassen

---

[1] Baucke wie Dobrizzhofer (I p. 99).
[2] Wie auch die Gegner zugestehen, z. B. Materialien z. Gesch. d. Jes. 1 p. 340.
[3] Auch Ulloa, Noticias secretas di America (Coleccion II) p. 10 rühmt die elocuencia y culta verbosidad del elegante idioma der Guarani.
[4] Lettr. édif. rec. 8 u. 10.

überhaupt einer indianischen Einheitssprache zu, ein Unternehmen, das bei der Begriffs- und Wortarmuth der meisten dieser Stämme — auch intelligentere zählten nicht über vier — nicht unübersteigliche Schwierigkeiten bot.

Regelmässig einmal im Jahr war jedoch eine Berührung der Indianer mit fremden Elementen unvermeidlich, dann, wenn die überschüssigen Produkte der Reduktionen auf den Flüssen nach Buenos Ayres und S. Fé verschifft wurden[1]). In den beiden Städten waren die Indianer der Missionen wohlbekannte Gestalten; aber stets sah man sie in der Gesellschaft ihres Paters, der sie unablässig beaufsichtigte, obwohl sicherlich schon Leute ausgewählt waren, auf die man sich verlassen konnte. Ein Zurückbleiben war aufs strengste untersagt. Bei den Wanderungen durch die Hafenstadt Buenos Ayres versäumte man nicht, den Kontrast mit den heimischen, gewohnten und in der That besseren Verhältnissen recht deutlich zu machen, und fand gläubige Zuhörer. Zur Zeit der Aufhebung des Ordens beschuldigte man die Jesuiten, sie hätten den Indianern die Ansicht beigebracht: jeder Spanier habe einen Teufel im Leibe, sie beten auch nicht Gott und die Heiligen, sondern das Gold an. Die Väter bestritten ihrerseits, dass sie diese Sage geflissentlich verbreitet hätten, nicht aber dass dieselbe vorhanden sei; und in der That war die Metapher von jenen Kundigen nicht übel gewählt.

Die Ausschliessung aller Spanier erstreckte sich thatsächlich auch auf die spanischen Behörden. Nur ein einziger, den Jesuiten unbedingt ergebener Gouverneur ist einmal ins Innere der Missionen gekommen und dort festlich von ihnen aufgenommen worden. In der That war die Reise zu ihnen jederzeit ein Wagniss — selbst unterhalb Assumpcion ward der Strom durch Flussräuber fortwährend unsicher gemacht[2]). Auf dem für die Missionen wichtigeren Uruguay dauerte die Fahrt bis zur nächsten Reduktion Yapeyu, die noch recht weit vom Zentrum der übrigen entfernt lag, über einen Monat. In der Mitte des Weges befanden sich die gefährlichen Stromschnellen, die Gott nach Auffassung der Jesuiten[3]) den Missionen zum besonderen Schutz gesetzt hatte: — Schifffahrtshindernisse, die den Verkehr der Pflanzungen unter sich hemmten, räumten sie mit grossen Kosten durch Sprengungen weg. Unter so bewandten Umständen war es natürlich, dass höhere spanische Beamte, auch aufgefordert, Bedenken trugen, sich den Mühseligkeiten der Reise zu unterziehen.

Häufiger haben sich die Bischöfe beklagt, dass man sie

---

[1]) Interessante Aussagen der Bewohner von S. Fé (procès verbal) in Schutzschriften für die Jesuiten VI (Abth. III) p. 106 ff.
[2]) Dobrizzhofer l. c. I p. 147 und andere.
[3]) Sepp bei Charlevoix II Anhang und andere (Cattaneo bei Muratori, Christianismo felice etc.).

nicht in die Reduktionen lasse; die Jesuiten haben zwar stets bestritten, dass sie dieselben an Ausübung ihrer geistlichen Rechte hinderten, aber wie wir sahen, sind hierüber thatsächlich ernste Streitigkeiten ausgebrochen. Ihre Freunde unter dem Episkopat, die sie herein gelassen haben, mussten ihnen zudem noch stets die besten Zeugnisse ausstellen. Diese verzichteten kluger Weise freiwillig auf ihr Recht des Zehnten; andere, welche ungestüm forderten, erhielten auch nichts, und selbst die Wünsche der Könige[1]) hatten in diesem Punkt kein Gewicht. Auch in der geistlichen Verwaltung wollten eben die Jesuiten sich von niemandem die Hände binden lassen: die bischöflichen Verordnungen fanden sich später in ihren Kirchenbüchern mit satirischen Randnoten versehen, was höchst komische Zornausbrüche der würdigen Kirchenfürsten zur Folge hatte[2]). Die Väter waren und blieben die einzigen Geistlichen ihres Landes, und man sah in Rom über diese kanonische Unregelmässigkeit weg.

So ernannten auch sie allein alle übrigen Beamten, und wenn ihnen bisweilen anbefohlen ward, sich nicht in deren Rechtsprechung zu mischen, so war das natürlich eine nichtige Formel. Die Väter waren und blieben die einzigen Vermittler zwischen Unterthanen und Staat. Das ganze Verhältniss beschränkte sich darauf, dass alle Einwohner, ausser Kaziken, Beamten und den im Kirchendienst Beschäftigten, einer Kopfsteuer unterlagen[3]). Diese war schon ursprünglich nur auf die Hälfte der Abgabe der übrigen Indianer normirt gewesen, weil die Guaranis der Missionen Kriegsdienste leisteten. Ferner blieb den Listen die Volkszahl von 1672 zu Grunde gelegt, obgleich die Jesuiten aus ihren statistischen Tabellen, soweit sie die Bevölkerungsmenge betrafen, durchaus kein Geheimniss machten. Dass ihnen gestattet ward, die Steuer im ganzen abzuführen und die Richtigkeit auf die Pflicht des heiligen Gehorsams zu verbürgen, versteht sich von selbst. Schliesslich aber erstaunen wir, nach allem — es ist über diese Punkte unsäglich viel verhandelt worden — zu hören, dass in Wahrheit nie ein Pfennig gezahlt wurde; die einzelnen Väter wurden statt ihrer Staatsbesoldung auf diesen Steuerertrag angewiesen. Es ist das ein schlagendes Beispiel, wie es mit der viel schreibenden und nie handelnden Verwaltung der Spanier in Amerika bestellt war.

Im übrigen hatten es die Jesuiten nun leicht, äusserst loyal zu sein. Der weit entfernte König wurde den Indianern als ein Muster jeder Tugend, als ein Quell der Güte dargestellt; sein Bild stand im Gemeindehause, und jährlich ward ihm zu

---

[1]) Decr. Phil. V.
[2]) Brabo, Documentos p. 130—150.
[3]) Résumé im Decretum Philippi V.

Ehren ein grosses Fest gefeiert mit prunkvollen Umzügen, Tänzen und Wettspielen. Hiermit hatte man der Unterthanenpflicht Genüge gethan und behielt den Rest der Souveränetät in eigenen Händen.

Man verstand sie auszuüben in ihrem ganzen Umfange! Nur der Organisation des Staates[1]) war es zuzuschreiben, dass eine geringe geistige Aristokratie von 100 Männern eine mehr als 1000fach so grosse Anzahl Unmündiger lenkte. Nicht nur eine völlige Regelmässigkeit, sondern auch eine völlige Gleichheit der einzelnen Niederlassungen unter einander war angestrebt, und man rühmt sich sie durchgesetzt zu haben trotz der grössten Unterschiede in den natürlichen Bedingungen. Ob im Gebirge, ob in der unabsehbaren Steppe, ob in den dichten Wäldern der Flussniederung gelegen, eine Reduktion bot denselben Anblick wie die andere, und in einer wie der anderen spielte sich das Leben gleichförmig ab. Nicht mehr Unterschiede seien zu bemerken als zwischen zwei Kollegien der Gesellschaft. Die Spanier meinten wohl: die Indianer bewahrten deshalb so völligen Gleichmuth im Tode, weil ihnen das Leben doch nicht die geringste Abwechselung geboten habe[2]).

Auf engem Raum stadtartig gedrängt wohnten die Indianer. Die grössten dieser Städtchen enthielten mehr als 7000, auch die kleinsten nicht unter 2500 Einwohner[3]). Ein zerstreutes Wohnen würde einen Rückfall in die Barbarei erleichtert, eine Lenkung, wie sie die Jesuiten beabsichtigten, unmöglich gemacht haben. In der Mitte der Stadt stand die Kirche, die oft niedrig, stets aber sehr geräumig angelegt war, um möglichst vielen den Eintritt zu gestatten. Ihr zur Seite befand sich die Wohnung des Paters mit einem grossen, aufs beste gepflegten Garten, das Wittwenhaus, das Gerichtsgebäude und die geräumigen gemeinsamen Speicher. Rechtwinkelig und schnurgerade, wie in einem römischen Lager, waren die Strassen als grosse Baumalleen angelegt, am Ende einer jeden befand sich eine kleine Heiligenkapelle. Der ganze Komplex war statt mit einer Mauer mit einer noch wirksameren Schutzwehr, einer undurchdringlichen Hecke von Kakteen und Agaven umgeben. Zunächst der Niederlassung lagen die den Einzelnen zur Bestellung überlassenen Ackerstücke, sowie die für Wittwen und Waisen besonders bestimmten Felder; weiterhin zog sich ausgedehnter das ungetheilte Ackerland, und meilenweit hinaus erstreckte sich die Weide, auf der die ungeheuren Rinderheerden halb wild gehalten wurden. Hier gab es keine festen Ansiedlungen mehr, sondern nur einzelne

---

[1]) Da die Religion auch Staatssache war.
[2]) Bougainville, Voyage autour du monde I p. 183 und andere.
[3]) Gleich bei der Gründung siedelte man 3000 und mehr an einem Punkt an; del Techo l. VIII c. 4.

Vorwerke; aber ständig sollte sich hier zur geistlichen und weltlichen Leitung des seinem Beruf nach kriegerischen Theiles der Gemeinde sowie zur Beaufsichtigung des kostbarsten und deshalb gefährdetsten Besitzstückes ein Jesuit aufhalten.

Diese äussere Regelmässigkeit war nur das Abbild und die Folge der inneren, der des Lebens[1]). Hier geht nun alles aus dem einen Grundgedanken hervor, dem der völligen Verschmelzung des religiösen und des weltlichen Daseins. Wie hätte es auch anders sein können! Jeder einzelne Missionär war vielleicht erfüllt vom Bild eines solchen Gottesstaates auf Erden, an dessen Verwirklichung er sich seinen Antheil erobern wollte, gerade den besten war die zivilisatorische Arbeit nur das Mittel Seelen zu gewinnen; aber andererseits ruhte auch seine ganze Autorität auf der geheimnissvollen Weihe, vermöge deren seine Worte genügten, um die Gottheit in seine emporgehobene Hand zu zaubern, kraft deren er den Zutritt zu den Räumen des Jenseits erschloss oder versagte. „Die Religion ist der einzige Grund ihres Gehorsams". Dieses Thema kehrt in den Erörterungen der Jesuiten immer wieder. Die meisten von ihnen waren gewiss eben so wenig im Stande eine Trennung zwischen der Autorität dieser und jener Art vorzunehmen wie ihre Untergebenen.

Jesuitengegner des vorigen Jahrhunderts, zumeist selbst Katholiken, haben nun freilich der Gesellschaft vorgeworfen, dass sie ihren Indianern nur Aberglauben und Zeremonien beigebracht, ihnen aber vom wahren Christenthum so gut wie nichts gelehrt hätte. Allerdings haben selbst besonders wahrheitsliebende Väter, wenn sie auf ihre geistlichen Erfolge zu sprechen kommen, einen Hang zur Romantik nicht ganz verleugnen können; die Thatsachen selbst ergeben jedoch, dass es in Paraguay im Punkt der Religiosität nicht schlechter, eher sogar etwas besser bestellt war als in den katholischen Ländern Europas. Man hatte vielen Aberglauben vorgefunden und ihn selbst getheilt. Man hatte also den Wundern des Satans die Christi und seiner Heiligen entgegengesetzt.

In den Köpfen der Bekehrten vermischten sich dergestalt die althergebrachten Vorstellungen mit den neuen, und dies steigerte die Einbildung oft bis zur Halluzination. Dämonische Versuchungen, himmlische Beschützung, Visionen des Jenseits — der ganze Kreis von Phantasiebildern, die das europäische Mittelalter beschäftigt hatten — treten uns, nur etwas indianisch gefärbt, in den Berichten entgegen. Ueberall, wo man den höchsten Werth darauf gelegt hat, die Blicke der Gläubigen auf das Jenseits zu richten, ist es so gewesen.

---

[1]) Die religiöse Verfassung bildet natürlich in allen Schriften den Haupttheil. Besonders reichhaltig an Einzelheiten sind Nussdorfer, Charlevoix und die „Nachrichten über die Jesuiten in Paraguay".

Alles was man erreichen wollte, hat man jedenfalls hier auch erreicht: die Messe, in der ja das Jenseits durch priesterliche Vermittlung ins Diesseits eingreift, mit grösstmöglichem Prunk und Feierlichkeit umgeben, machte den tiefsten Eindruck auf die Wilden. Im übrigen liess man es sich angelegen sein, den Heiligendienst zu fördern: Frauen und Mädchen putzten im Wetteifer das Muttergottesbild des Hauptaltars mit ihrem wenigen Schmuck aus und entäusserten sich so freiwillig noch des letzten Restes von Privateigenthum, den man ihnen gönnte. Eine Vereinigung der Indianer zu geistlichen Bruderschaften, wie sie im Mittelalter in ganz Europa und noch jetzt in den romanischen Ländern häufig sind, hatte man schon vor Anlage der Missionen in Cordoba mit Nutzen erprobt[1]). In dem Jesuitengebiet ward auch dies organisirt. Die kriegerische junge Mannschaft stand als Bruderschaft stets unter dem alten Volksheiligen der abendländischen Streiter, dem Erzengel Michael, und sie widmete ihm eine höchst energische Verehrung, wie die von den Portugiesen im Kriege aufgefangenen Manifeste es bekunden: unter Gottes und unseres Vaters Michael Schutz zogen sie in den Kampf und hofften auf Sieg. Alle anderen Bruderschaften, die für gewöhnlich mit den Arbeitsabtheilungen zusammenfielen, waren offiziell der Madonna geweiht, es blieb aber den Landleuten, wenn sie zur Arbeit zogen, unbenommen, sich noch einen besonderen Heiligen selbst zu wählen; sie gaben dabei „S. Isidorus dem armen Ackersmann" einen gewissen Vorzug. Ausserdem hatte jede Reduktion ihren besonderen Schutzheiligen, nach dem sie auch benannt war; ihm wurde jährlich an seinem Tage ein grosses Volksfest gefeiert. Von Kind auf ward der Indianer daran gewöhnt, alle seine Beschäftigungen unter den Augen des Heiligen zu vollziehen. Wenn schon in der Stadt jeder Ausblick auf eine Kapelle führte, so nahm man auch überallhin zur Arbeit, aufs Feld, in den Wald, das holzgeschnitzte Bild mit und setzte es unter eine rasch aus Zweigen geflochtene Laube als Kapelle.

Hierbei wussten die Jesuiten klug die ihnen willkommene Richtung im ganzen zu fördern, ohne dem individuellen Belieben zu enge Schranken zu ziehen; im übrigen aber war der Gottesdienst aufs straffste organisirt. Die Ueberzeugung, dass die Kirche mit ihren Diensten und Gnadenmitteln das ganze Leben des Menschen zu umspannen habe, diese Fundamentalanschauung des Katholizismus, war wohl in jedem Einzelnen lebendig. Ihr Ausdruck ist die Priesterverehrung, und dies waren die beiden stärksten Bänder, die das Gemeinwesen zusammenhielten. Täglich versammelte sich schon $\frac{1}{2}$ Stunde

---

[1]) Paraquaria ad ecclesiam reducta, Würzburg 1635, p. 41, wahrscheinlich eine Uebersetzung der Conquista espiritual des Montoya.

vor Sonnenaufgang die Jugend bis herab zu den Kindern, die eben erst dem Säuglingsalter entwachsen waren. Gebet, Gesang und eine kurze Katechismuslehre füllten die Zeit aus, bis auch die Erwachsenen zur Messe berufen wurden. Männer und Weiber nahmen getrennt Platz, zum Theil lagerten sie noch vor der Thür; um die Vollzähligkeit zu konstatiren, wurden sie jedesmal von den damit Beauftragten gezählt. Wenn die Messe zelebrirt war, der Pater die nöthigen Weisungen ertheilt hatte, zogen die Arbeitsabtheilungen aufs Feld, die Jugend blieb noch einige Zeit zum gemeinsamen Frühstück zurück. In derselben Weise wurde zum Abend die Gemeinde wiederum zur Vesper versammelt.

Täglich wiederholte sich dieser Kreislauf; am Sonntag zu feierlicherem Gottesdienst wurde aus den Heiligenlegenden gepredigt, wie man denn ausser dem Katechismus auch eine guaranische Darstellung derselben gedruckt hat. Sehr häufig war Beichte angeordnet, aber auch diese wurde für gewöhnlich nicht nach dem Belieben des Einzelnen abgenommen. So wurden überhaupt die Sakramente nur in der Kirche gespendet, sogar die letzte Oelung; zum deutlichen Zeichen, dass selbst sie eine Sache der Gemeinschaft, nicht der Einzelpersönlichkeit seien [1]).

In der Fastenzeit steigerten sich die religiösen Empfindungen bis zur Exaltation. Bei den religiösen Exerzitien, die in der Kirche während des Abenddunkels vorgenommen wurden, sprach sich die Zerknirschung in ungeregeltem Wehgeheul und in den schärfsten Selbstgeisselungen aus, denen sich auch Frauen und Mädchen freiwillig unterzogen. Die Lieblingsvorstellung der Asketen, dass der nach Vollkommenheit trachtende Mensch Christi gesammte Leiden mit durchleben müsse, äusserte dann ihre ganze Kraft. Knaben trugen die Marterwerkzeuge des Erlösers durch die Kirche, ihnen schlossen sich die Erwachsenen an, deren viele ein schweres hölzernes Kreuz trugen oder mit gebundenen Händen und Füssen auf der Erde krochen. Noch andere hatten sich Dornenkronen in die Stirn gedrückt; manche vollends blieben Stunden lang mit ausgespannten Armen in Kreuzgestalt stehen. Es war die einzige Gelegenheit, bei der man die Askese verwerthete, die sonst diesem Kindervolke nicht in den Kopf wollte: zum Zölibat hat man sie „grösserer Sicherheit wegen" nie angehalten, während in Nordamerika für den abenteuerlichen Sinn und die Qualenverachtung der Indianer gerade die Askese in allen Formen viel Ansprechendes hatte [2]).

In Paraguay durfte man weit mehr auf einen Erfolg rechnen, wenn man den Sinnen schmeichelte, als wenn man

---

[1]) De Moussy, Mémoire historique c. 3.
[2]) Lettres édif. rec. 12 p. 185 ff.

ihre Aeusserungen zurückdrängte. Dies geschah durch die Kunst. Man **verwerthete** aber diese nicht nur für die Zwecke der Kirche, sondern man monopolisirte sie sogar für dieselben, indem man jede anderweitige Ausübung streng ahndete. Während man die im Staats- und Kircheninteresse liegenden Feste mit allen Reizen ausstattete, die auf die Phantasie des Volkes wirken konnten, verbot man Spiel und Tanz zur Privatunterhaltung völlig, lehrte keine andere Musik als kirchliche, liess die Wohnstätten ohne jeglichen Schmuck. Um so leichter war es dann, eine wahre Leidenschaft im Volk zu erwecken, prächtige Kirchen zu erbauen und sie mit Altären, mit Putz und allerlei Flitterstaat auszurichten. Bei jeder Neugründung ging das Streben des Missionärs dahin, möglichst bald eine recht geräumige und recht ausgeputzte Kirche zu besitzen: es war das erste deutliche Zeichen des Sieges der Zivilisation, und ein solches Wunderwerk war für den weiteren Erfolg der Arbeit unter den Indianern vom höchsten Werth. Die älteren und grösseren Reduktionen besassen wirklich schöne und geschmackvolle Kirchen; die Stiche der Trümmer in Demersays Atlas zeigen Säulenfronten und Halbkuppeln von reineren und edleren Formen als sie die Jesuiten in Europa anzuwenden pflegten.

Noch höhere Bedeutung legte man der kostbaren Ausschmückung des Inneren bei, und berief sich hierbei auf eine Vorschrift des heiligen Ignatius selber. Ein Jesuit begründet z. B. die prächtige Bemalung, Vergoldung und Schnitzerei der Beichtstühle folgendermaassen: „Dies hat nicht nur die Zierde der Kirche zur Absicht, sondern geschieht, um den Indianern so viel als möglich durch in die Augen fallende Gegenstände einen desto höheren Begriff von diesem heiligen Gericht und von dem Sakrament, welches ihnen daselbst gereicht wird, zu geben". Und ein anderer Pater zieht als Ergebniss seiner Darstellung den Satz: „Der Glaube muss ihnen durchs Gesicht beigebracht werden".

Ueberall bemächtigte man sich der bei wilden Stämmen so oft verbreiteten Vorliebe für die Musik. Schon den Heiden gereichte es zum höchsten Entzücken, wenn ihnen der Missionär auf seinem Instrument vorspielte; eifrig lernten sie ihm diese Kunst ab, und zu einer Zeit, als die Missionen noch kaum über die erste Stufe der Rohheit erhoben waren, konnte man es schon wagen in Buenos Ayres ein grosses Konzert zu geben, um die Fortschritte der Wilden der Art unmittelbar zu demonstriren[1]). Später, als in dem eingerichteten Staat auch die Kunst, Instrumente von der Orgel bis zur Violine herab zu bauen, höchst vervollkommnet war, fanden sich in jeder Niederlassung wohlgeübte Sängerchöre, und die

---

[1]) Del Techo lib. V c. 30.

begabteren Schüler wurden zur Ausbildung zu besonders kunstverständigen Vätern — es waren stets Deutsche — gesandt. Fortan ertönten die edlen Klänge deutscher und italienischer Kirchenmusik in den Urwäldern, und sie sind selbst heute, wo jede andere Spur des Wirkens der Jesuiten vertilgt ist, noch nicht ganz verklungen[1]. Nur an zwei Stellen hatte man die alten barbarischen, unartikulirten Laute nicht verdrängen können, beim Kriegsgeschrei der Männer im Beginn der Schlacht und beim Klagegeheul der Weiber, das über dem sich schliessenden Grabe erhoben wurde. Es zeigte sich in Paraguay wieder einmal, dass diese ganze Kunst geistige Ausbildung weder voraussetzt noch fördert.

Selbst das Tanzen hatte die Kirche für sich in Beschlag genommen. Im Kirchenschatz wurden die seidenen, nach altspanischer Tracht geschnittenen Gewänder der Tänzer aufbewahrt, schöner Knaben, die an den Kirchenfesten den spanischen Fandango ebenso wie das französische Menuett aufführten; am Tagesschluss wurden sie wieder pünktlich abgeliefert, ebenso wie der Putz des Fähnrichs — bei diesem waren grosse spitzenbesetzte Stiefeln die Hauptsache —, der bei den feierlichen Umzügen die berittene Jugend führte und die Wettspiele leitete. Solcher Spiele gab es eine grosse Fülle; die meisten trugen einen kriegerischen, turnierartigen Charakter, militärische Exerzitien aller Art, auch Scheinkämpfe auf Kähnen waren hier zu sehen. Man hatte hierin schon eine Art Vollkommenheit erreicht zu einer Zeit, als die bekehrten Indianer noch in Erdhütten wohnten und ihre Kost halb roh verschlangen. Oberster Grundsatz war auch bei den Spielen: dass jede Spur des Eigennutzes daraus verbannt sein müsse, dass sie frei von aller Leidenschaftlichkeit getrieben werden könnten, weil es weder zu verlieren, noch zu gewinnen gäbe[2].

Aber nicht nur jene Bevorzugten wirkten bei den Festen — es suchte jeder sein Bestes zu thun. Der Zug mit der Hostie am Frohnleichnam oder mit dem Heiligenbilde hatte durch alle Strassen zu gehen. Von Haus zu Haus baute man Laubbogen und schlang Guirlanden, an denen die bunten Vögel des Urwaldes festgebunden flatterten. Nicht nur was zur Zierde gereichen konnte, baute man auf der Strasse auf, man schleppte auch alle Vorräthe, die Mais- und Weizensäcke wie die Baumwollenballen hinaus, sie dem Heiligen gewissermaassen darzubringen und seinen Segen für sie zu empfangen.

---

[1] Sowohl Avé-Lallemant wie Demersay hörten zu abscheulichen Instrumenten die schönsten Hymnen singen.

[2] Tout esprit d'intérêt en est banni, les jeux mêmes qui leur sont permis sont exempts de toute passion, parce qu'ils n'ont ni à perdre ni à gagner. Lettres édif. rec. 21.

Für den Zweck: der kirchlich-staatlichen Gemeinschaft zu dienen, war diese ganze Religionsübung wohl geordnet, sie barg alle Bedingungen der Dauerhaftigkeit in sich. Eine andere Frage ist es, wie sich das persönliche Sittlichkeitsbewusstsein hierbei entwickelte. Sie kann eine genügende Beantwortung erst erfahren, wenn auch die socialen und ökonomischen Bedingungen dargestellt sind, die eben so mächtig als die religiösen jenes bestimmen. Die Jesuiten selbst waren auch in diesem Punkt sehr zufrieden, wenn schon nicht ganz so, wie ein sie besuchender Bischof, der da meinte: es werde in diesem Paradies keine einzige Todsünde begangen[1]). Sie klagen vielmehr, dass das sechste Gebot nicht mit der wünschenswerthen Strenge beobachtet werde; und dass die Wahrheitsliebe der Indianer der Furcht vor Bestrafung nicht immer Stand hielt, können wir aus den Erzählungen ebenfalls erkennen. Immerhin musste Männern, die grundsätzlich den Gehorsam für die höchste Tugend hielten, die Art der Sittlichkeit der Guarani als eine fast vollkommene erscheinen. Oft aber hat sich doch ihr eigenes natürliches Sittlichkeitsbewusstsein in anderer Weise geltend gemacht, und von Männern, die selber in der Bekehrungsarbeit standen, hören wir beständig die Klage: wie schwer es sei den Wilden den Unterschied beizubringen zwischen dem, was Gott und dem, was der Pater verboten habe. Nicht immer hat man es so entschieden abgelehnt, diesen Mangel an Unterscheidungsgabe auszubeuten!

Mit dieser Religionsverfassung stand nun die wirthschaftliche Ordnung im engsten Zusammenhange[2]), und ohne Frage hat die religiös-sociale Grundanschauung der Stifter und Leiter noch weit mehr als blos ökonomische Triebkräfte zu ihr, zum Kommunismus, geführt. Die Wilden waren, als man sie aufsuchte, habgierig, wie alle rohen Kinder der Natur, sie hatten eine ausgesprochene Neigung zu tauschen und zu handeln, und so oft sie auch von den Spaniern übervortheilt waren, wurden

---

[1]) Faxardo in Lettr. édif. rec. 21, ähnlich der Bischof Peralta im Anhang zum Decr. Phil. V. Er glaubt den Indianern eine Schmeichelei zu sagen: „alle diese Schäfchen, obgleich weit von einander entfernt, sind so gehorsam, in allen Dingen so abhängig von der Stimme des Hirten, als wenn sie in einem Schafstall zusammenstünden".

[2]) Die besten Schilderungen derselben geben: die (anonymen) „Nachrichten über die Jesuiten in Paraguay", die Vertheidigungsschriften Escandons und Nussdorfers, der 1. und 2. Band von Dobrizzhofers „Geschichte der Abiponer" (namentlich treffliche Schilderungen der Landwirthschaft), ferner die Berichte der Lettres édifiantes und die in dem Decretum Philippi V. enthaltene Enquête der südamerikanischen Gouverneure und des Raths von Indien. Weniger ergeben hier die spanischen Schriften der Colleccion de obras y documentos, ausgenommen der Bericht des Gouverneurs Doblas und Charlevoix' „Histoire du Parag.". Unbedeutend ist Muratori, Christianismo felice. Von den gegnerischen Schriften sind Doblas und vor allem Ibagnez (übers. in Le Brets Archiv) sehr wichtig.

sie um nichts klüger. Auch trat dieser Zug, wie eine längst verloschen geglaubte Schrift, sofort wieder zu Tage, als der erneute Verkehr mit den Fremden es erlaubte. Mit Mühe hatte man ihnen die Liebe zum Geld abzugewöhnen, und in den jüngeren Missionen der Chiquitos war man noch zur Zeit der Aufhebung nicht zu dem vollendeten Kommunismus gelangt, wie er in dem Musterland Paraguay herrschte[1]). Anders scheint es sich nur mit dem Grund und Boden verhalten zu haben. Da der Ackerbau erst zu lehren und oft geradezu aufzudrängen war, wurde bei ihm der Kommunismus am schärfsten anfangs gehandhabt, und erst mit der Zeit konnte den Familien ein Grundstück zur Nutzniessung eingeräumt werden. Die Natur der Menschen wie die des Landes hatte den unverkennbarsten Fingerzeig auf das Privateigenthum gegeben, so nöthig auch im Anfang der zivilisatorischen Thätigkeit eine straffere Zusammenfassung der zerfahrenen und ziemlich indolenten Volkselemente war.

Die Jesuiten befolgten diesen Fingerzeig nicht. Das Privateigenthum war und blieb in ihrem Staate verpönt; es existirte nur ein Gebrauchseigenthum. Blos unbedeutende Dinge waren der Verfügung der Individuen überlassen; sie verzichteten auch darauf, weil eine solche vereinzelte Berechtigung keinen Werth haben konnte. So war es z. B. den Frauen gestattet, einen Theil der geernteten Baumwolle für sich und die Ihrigen zur Extra-Kleidung neben der von der Gemeinschaft gelieferten zu verspinnen — nur die wenigsten thaten es. Wirkliches Privateigenthum war nur der Schmuck der Frauen, aber auch hierbei war man eifrigst bemüht einen Missbrauch zu verhindern. Es hätte hier in der That eine recht gefährliche Klippe verborgen sein können: der Goldschmuck spielt bei der Kapitalsammlung eine bedeutende Rolle selbst bis in Zustände hinein, die eine grosse Beweglichkeit des Kapitals kennen. (Ich erinnere nur an das heutige Italien.) Für alle Staaten, die prinzipiell die Einzelpersönlichkeit in der Gesammtheit aufgehen lassen, sind daher Luxusgesetze, Normativbestimmungen und Präventivmaassregeln angezeigt. Verordnungen, die unter anderen Verhältnissen nur lächerlich erscheinen würden, und die sich unter keinerlei Umständen genau durchführen lassen, sind dennoch hier Nothwendigkeit. Die antiken Staaten hatten in dieser Richtung schon Unglaubliches geleistet; sie sind aber doch von den Jesuiten noch übertroffen worden, die das Maass des Frauenschmuckes auf 2 Unzen Gold beschränkten, die fromme Neigung, denselben den Heiligen zu schenken, begünstigten und das Tragen jedes nicht in Paraguay gewebten Stoffes einfach untersagten.

---

[1]) Lettr. édif. rec. 8.

Das war das Privateigenthum der Indianer, fast alles übrige war ihnen „Tupambac", Sache Gottes, wie sie mit einer Frömmigkeit, die etwas nach Fatalismus schmeckt, sagten. Nicht einmal an der Hütte und dem Garten gab es festen Besitz; alle Häuser wurden von Gemeinde wegen gebaut und ausgebessert in der Jahreszeit, wann die Feldarbeit sich minderte; und nach dem Tode des Bewohners fielen sie auch wieder an die Gemeinde zurück.

Die Stämme, „die Kazikschaften", wie man sie bei der Ansiedelung vorgefunden, waren noch zu erkennen in der lokalen Eintheilung der Strassen sowohl als der Feldflur; demgemäss werden sie wohl auch den Arbeitsabtheilungen zu Grunde gelegen haben. Die grösseren Missionen enthielten ihrer mehr als 20[1]), sie waren gentes, Geschlechter, geworden, aber nennenswerthe Bedeutung für die Staats- und Wirthschaftsordnung hatten sie nicht mehr, nur im Kriege zeigte sich, dass das ursprüngliche Band der Zusammengehörigkeit sich noch nicht völlig gelöst habe. Eigenen Besitz hatten auch diese Unterabtheilungen des Volkes durchaus nicht, wohl aber war den einzelnen Haushaltungen ihr abgesondertes Ackergrundstück überwiesen, ohne dass man auf diesem einen Wechsel der Bebauer hätte eintreten lassen. Alles Erbrecht hingegen war ausgeschlossen; noch geraume Zeit nach Auflösung des Ordens konnte ein spanischer Gouverneur bemerken: der Begriff des Erbes ist ihnen völlig unbekannt. Auch auf diesen Grundstücken wurde die Arbeit von dem Pater und seinen Unterbeamten beaufsichtigt, Müssiggang wurde auch hier als Verschuldung bestraft; noch mussten stets der Pater und sein Beauftragter scharf darauf sehen, dass man auf ihnen mit der Ernte rechtzeitig anfange und nicht die Frucht auf dem Halme verderben lasse. Aber es war natürlich, dass die Kontrole hier schwerer und lässiger war. Es wurde daher auch nur Mais und etwas Maniok zur Aushilfe auf diesen Familienäckern gebaut; nie hätte man sich für die Gewinnung der Baumwolle auf sie verlassen dürfen.

Ueberhaupt aber wurden dem Indianer nur 3 Tage der Woche für diese Arbeit zu eigenem Nutzen gelassen, die andere Hälfte, nach Umständen auch mehr, wurde für die gemeinsame Arbeit beansprucht. Das Hauptnahrungsmittel war der Mais, andere Getreidearten wurden nur hilfs- oder versuchsweise kultivirt; daneben wurde als zweites Hauptprodukt die Baumwolle gepflegt, geringere Dimensionen hatte der Bau des Zuckerrohrs. Fortwährend waren die Missionäre bestrebt neue Kulturen ausfindig zu machen; ihre Gärten hatten sie zu solchen Akklimatisationsversuchen bestimmt, und ihr Eifer

---

[1]) Sie selbst enthielten selten mehr als 100 Köpfe. Alvear, Relac. geogr. e hist. p. 9.

wurde oft vom Erfolge gekrönt. Die europäischen Südfrüchte machten sie heimisch, und noch jetzt sind die von ihnen zuerst eingeführten Orangen ein tägliches Genussmittel in den La Plata-Staaten. Wichtiger war es, dass sie die Baumwollenkultur auch in die Steppenstriche trugen, die früher durchaus auf die Unterstützung der in der Wald- und Hügelregion gelegenen Missionen angewiesen waren; der grösste Erfolg, bei dem sie mehr noch mit den Menschen als mit der Natur zu kämpfen hatten, ist der ausgedehnte Anbau des Paraguaythees. Diese mannichfaltigen Produkte wurden auf der gemeinsamen Ackerflur erzielt, allmorgentlich bestimmte der Pfarrer den Korregidoren und Aufsehern das Maass des zu Leistenden, mindestens einmal im Laufe des Tages inspizirte und begutachtete er die Arbeit. Mochten seine Unterbeamten noch so gut gewählt sein, immer kam doch viel auf sein persönliches Eingreifen an.

Alles Kapital bildete die Gemeinschaft und übergab es dem Einzelnen zur Nutzniessung. Der Pflug, die Axt und das Tischmesser — ein solches erhielt ein jedes Ehepaar zur Ausstattung — waren bei der Seltenheit des Eisens werthvolle Kapitalstücke, aber auch das Zugvieh war gänzlich der Verfügung des Einzelnen entzogen. Kein einziges Rind in diesem Lande, das deren ungezählte Mengen enthielt, gehörte einem Einzelnen zu. Jährlich erhielt jeder Ackersmann ein Joch Zugthiere, für deren richtige Zurücklieferung er bürgte. Es wäre unmöglich gewesen eine andere Einrichtung zu treffen, denn der Indianer frass alles ohne weiteres auf, was ihm Essbares unter die Hände kam. Bis zum Ende des Staates war nichts gewöhnlicher, als dass ein solcher mit der unschuldigsten Miene zum Pater kam, um neue Ochsen zu erbitten: die alten habe er verloren, oder der Jaguar habe sie zerrissen. Man liess sich in einem solchen Falle nie auf eine Untersuchung ein, denn man wusste ganz genau, auf welche Art sich die Thiere verloren hatten, und „dass sie selber die schlimmsten Tiger seien"; man gab dem Bittenden zwar die Ochsen, aber auch zugleich eine tüchtige Tracht Prügel; er bedankte sich demüthig und wurde mit dem Bedeuten entlassen, in Zukunft achtsamer zu sein. Ausser den Zugthieren wurden zur Feldarbeit nur Esel gestellt; hingegen verbot „ein sehr heilsames Gesetz" dem Indianer der Reduktionen gänzlich, sich des Pferdes zu bedienen. Man wollte jede Neigung zu müssigem Umherschweifen mit der Wurzel ausrotten. Das Vorrecht des Reitens blieb den Beamten und der jüngeren Kriegsmannschaft, der zugleich die Besorgung der Heerden oblag[1]), vorbehalten.

Alles Saatkorn wurde aus den Speichern geliefert; auch dies geschah oft 2—3mal, wenn die ersten Raten von den

---
[1]) Dobrizzhofer l. c.

Gierigen aufgezehrt worden waren. Nicht als ob die Indianer so unbesonnen gewesen wären, dass sie das Säen für unnöthig gehalten hätten, sie hatten nur das gute Zutrauen auf die Unerschöpflichkeit des gemeinen Besitzes und zogen eine gute Extramahlzeit der Vermeidung der nachfolgenden Prügelstrafe vor. Jeden Sonntag wurde an die Weiber Baumwolle zum Verspinnen vertheilt; die Kontrole war aber so streng, dass dieselben jeden Abend ihr Quantum Garn abzuliefern hatten. Der Magazinverwalter, stets ein alter, dem Pater besonders nahestehender Korregidor, nahm es in Empfang und lieferte es an die Weber. Jährlich zweimal wurde dann die Kleidung reichlich aber einfacher Art vertheilt; man bemerkte mit ironischer Zufriedenheit, dass die Indianer weit besser gekleidet gingen als die hochadligen Spanier, die in Lumpen einherstolzirten. Nur Schuhe hielt man für einen durchaus überflüssigen Luxus.

Wenn nun die Vertheilung der vegetabilischen Nahrung von Staatswegen nur eine hilfsweise sein sollte, so behielt hingegen die der nicht minder wichtigen Lebensbedürfnisse Fleisch und Thee die Gemeinschaft völlig in der Hand. Bis zu ihrer Sesshaftmachung war die Mehrzahl dieser Stämme fast ausschliesslich an Fleischnahrung gewöhnt, nur langsam konnte man ihnen Pflanzenkost erst schmackhaft, dann zum Bedürfniss machen; die äussere Kultur war schon bis auf einen gewissen Grad gediehen, als die Indianer noch immer das frisch geschlachtete, blutende Fleisch zwei, drei Mal über dem Feuer schwangen und dann verzehrten, während sie gekochtes Fleisch den Hunden vorwarfen. Auch scheinen sie den ungeregelten Appetit des fleischfressenden Wilden dauernd behalten zu haben: den Missionären fiel es noch lange Zeit auf, dass sie immer unbezwinglichen Hunger hatten, so oft sie die Möglichkeit vor sich sahen etwas zu geniessen.

Bei solcher Lage der Dinge war es eine Lebensfrage für junge Reduktionen, bald bei der Anlage den nöthigen Viehbestand zu erlangen. Die Gründung der Chiquitomissionen war erst möglich geworden, als es mit grösster Mühe gelungen war, eine kleine Rinderheerde, die sich dann rasch vermehrte, über den Kamm der Cordilleren zu schaffen [1]).

Bei anderen Reduktionen versprachen spanische Gouverneure eine Beisteuer; viel sicherer aber konnte man stets auf die Unterstützung der älteren Missionen rechnen, die zu diesem Zweck bis ins Gebiet der Abiponer und der Moxos, über S. Fé hinaus, grosse Rindertransporte dirigirten [2]).

Ungeheuer gross war der eigene Viehstand, namentlich in den südlicheren Reduktionen, und man schonte ihn viel besser

---

[1]) Lettr. édif. rec. 10.
[2]) Baucke l. c.

als es in den benachbarten spanischen Kommanderien geschah. Dobrizzhofers Mission Yapeyu hatte 500 000 Stück Rindvieh, das etwas grössere S. Miguel, ein Städtchen von etwas mehr als 7000 Einwohnern, gebot über eine noch grössere Anzahl. Dazu kamen noch grosse Schafheerden, die jedoch nur der Wolle wegen gehalten wurden. Ihnen liess man grössere Sorgfalt angedeihen, wählte eigens gesonderte Weiden für sie und errichtete grosse Hürden — einzelne Missionen hatten Schafheerden von mehr als 30 000 Stück. Die Behütung dieses kostbarsten Besitzes der Gemeinde war einem jüngeren Pater anvertraut, unter dem die kühnen berittenen Gauchos standen. Es gehörte mit zur Politik der Jesuiten, dass diese in ritterlichen Kunstfertigkeiten den benachbarten Spaniern nichts nachgeben durften; man hatte deshalb besondere Reitschulen eingerichtet, und wir sahen, wie auch die öffentlichen Festspiele in gleichem Sinne ausgebeutet wurden. Natürlich durfte der Pater auch in dieser Kunstfertigkeit nicht allzu weit hinter seinen Schutzbefohlenen zurückstehen. Sehr überflüssiger Weise spottete der Exjesuit Ibagnez über etliche seiner Bekannten: wie es mit ihren geistlichen Fähigkeiten ausgesehen, wisse er nicht; jedenfalls aber seien sie vortreffliche Rinderhirten gewesen, die einer verlorenen Kuh meilenweit nachzureiten im Stande seien.

Allwöchentlich wurde aus der Heerde die nöthige Stückzahl Vieh in die Reduktion getrieben, dort von den Gemeindefleischern geschlachtet, und das Fleisch einen um den andern Tag an die Familien vertheilt. S. Miguel brauchte für seine 7000 Einwohner täglich 40 Ochsen regelmässig, bedeutende Extraspenden nicht zu rechnen. In derselben Weise und sehr reichlich wurde der Thee vertheilt; das kostbare Salz — der Zentner kam den Jesuiten auf 16 Thaler zu stehen — wurde nur sparsam am Sonntag und sonst als besondere Belohnung und Auszeichnung gespendet.

Dergestalt war die Sorge für den Lebensunterhalt von dem Einzelnen auf die Gesammtheit abgewälzt; der wichtigste Sporn zur Arbeit fehlte, und wenn trotzdem viel gearbeitet wurde, so lag der Grund weniger in der Ueberzeugung, dass die Arbeit des Einzelnen für die Gesammtheit nothwendig sei, als in dem gewohnheitsmässigen Gehorsam gegen das Wort des Paters — ein Gehorsam, der seinerseits auf der Vermischung des Geistlichen und Weltlichen beruhte. Der indianische Bauer blieb so träge, nachlässig und leichtsinnig, als er es von Anfang an gewesen war; das unumwundene Geständniss noch der letzten Jesuiten, dass ihm jede Beschäftigung willkommener sei als der Ackerbau, schliesst für uns das andere mit ein, dass keine Volkserziehung aufzukommen vermag gegen Thatsachen, die sich aus der Naturanlage des menschlichen Geistes ergeben.

Bessere Resultate erzielte man mit dem Handwerk, die besten mit der Kunst. Es mag sein, dass der Eigennutz als Triebfeder mehr zurücktreten darf, je qualifizirter die Arbeit wird; für das Kunsthandwerk wenigstens, das mit Vorliebe in den Missionen gepflegt wurde, dürfte eine solche Erklärung nicht völlig abzuweisen sein. Im ganzen aber fand der Nachahmungstrieb der Indianer hier mehr seine Rechnung als beim Ackerbau; und dieser hat den raschen Aufschwung der Industrie ebenso sehr gefördert, als er ihm nachher seine ganz bestimmten Schranken setzte. Die Arbeit war völlig fabrikmässig organisirt, sämmtliche Werkstätten befanden sich in unmittelbarer Nähe der Jesuitenwohnung und unterlagen der besonders häufigen Inspektion des Paters. In dem grossen Wittwenhaus — seltsamer Weise finden sich bisweilen bei einer Volkszahl von 3000 Menschen gegen 300 Wittwen in einer Reduktion — wurden auch die unverheiratheten Mädchen beschäftigt und selbst die Ausübung der mannichfachen weiblichen Handarbeiten war völlig geregelt. Schmiede, Weber, Drechsler fanden sich in jeder Niederlassung und mussten jedem, der ihrer Hilfleistung bedurfte, dieselbe unentgeltlich leisten. Fast jede der kleinen Städte hatte aber auch ihren besonderen Industriezweig, je nachdem früher ein kunstverständiger Pater denselben eingeführt hatte. So wurden von der Mission Loreto aus, wo der Pater Toscanelli gewirkt hatte, alle übrigen mit Statuen, Schnitzwerk und Malereien zum Schmuck der Altäre versehen [1]); so war auch die Kunst des Instrumentenbaues, der Uhrmacherei, so auch die Bearbeitung des Leders an bestimmte Orte gebunden.

Von der Beschaffenheit der Leistungen wussten die Jesuiten nichts besseres zu rühmen, als dass die Nachbilder dem Vorbild völlig geglichen hätten, wie man denn als Geschenk für Gönner öfters Kupferstiche von den Indianern kopiren liess, so dass sie niemand als Federzeichnungen hätte erkennen können: man gab hiermit freilich, ohne es zu wollen, eine herbe Selbstkritik der ganzen in Paraguay gepflanzten Zivilisation. Diesen fleissigen Arbeitern ist es nie eingefallen auch nur die geringste Verbesserung an ihrem Werk zu erproben; sie betrachteten auch hier das, was man ihnen bot, als vollkommen. Dieser durchgängige Charakterzug des Jesuitenstaates hat vielleicht mehr zu solcher Indolenz beigetragen als das Naturell der Arbeiter.

Mit den Erzeugnissen der Missionen wurden in den gesammten La Plata-Staaten die Häuser des Ordens versehen, und vieles kam durch diese auch in den weiteren Handel.

---

[1]) Das Bessere mag wohl untergegangen sein, die von Demersay mitgetheilten Skulpturen geben von der Geschicklichkeit der Bildhauer keinen besonderen Begriff.

Der Jesuitenstaat in der Wildniss war das einzige Industrieland Südamerikas. Und dies war nur natürlich. Mit anderen Lastern des Mutterlandes war auch die hochmüthige Verachtung der Arbeit, insbesondere der Handarbeit, zu den Kreolen gewandert. In Buenos Ayres wäre es unmöglich gewesen selbst für den geschicktesten Handwerker eine Frau unter den Weissen zu erlangen; er musste Krämer oder Hausirer werden, um dann sofort als Adliger zu gelten[1]). Die Folge war, dass zu einer Zeit, als die Missionen schon stattliche Kirchen aufwiesen, Buenos Ayres noch ein Komplex von Lehmhütten war. Die Jesuiten liessen, um ihr Kollegium zu bauen, die Maurer aus den Missionen dorthin kommen und liehen dieselben dann noch zu einigen ähnlichen Arbeiten aus[2]). Hass und Begehrlichkeit der trägen Spanier mehrte sich aber durch alles dies nur immer mehr: wenn die Einbildungen von Goldbergen im Inneren wieder einmal zerstört waren, musste die Industrie herhalten, und sie fabelten dann von volkreichen Städten mit mehr und geschickteren Handwerkern, als sie irgend eine Hauptstadt Europas besitze, die den Jesuiten ein grösseres Einkommen als das jedes Souveräns verschafften. Dem Jesuitenstaat gereichte aber wenigstens dieser Hass zur Ehre!

Von einem wirklichen ständigen Handel mit Industriewaaren wird man dennoch kaum reden können, so gewiss die Jesuiten auch auf einen solchen zusteuerten. Der eigentliche Handel beschränkte sich einstweilen vorwiegend auf Rohprodukte. Vor der Zerstörung durch die Paulisten waren die Missionen in Guayra bereits soweit gediehen, dass sie Baumwolle nach dem Süden ausführen konnten[3]). Solche wurde wohl auch später andauernd exportirt, ebenso wie die überschüssigen Häute, so oft auch die Jesuiten versicherten, dass dieselben völlig werthlos seien. Ein wichtiger Artikel war ferner die Cochenille, zu deren Gewinnung man die grossen Kakteenzäune der Reduktionen verwerthete; weitaus am einträglichsten aber war der Handel mit dem Paraguaythee[4]). Es wird uns versichert, dass wer Vermögen in Assumpcion, Corrientes oder S. Fé besitze, es nur durch diesen Handel erworben habe; die Spanier jedoch verstanden auch hier nur zu verwüsten: sie hackten die Theebäume einfach um. Die Jesuiten bewog zuerst die Furcht: die Indianer möchten bei dem Einsammeln des Krautes im Urwald leichter in die Wildheit zurückfallen, zu Versuchen der Kultivirung. Diese gelangen, wenn auch nicht überall; den spanischen Kaufleuten in Assumpcion erschien aber alsbald die Konkurrenz so gefährlich, dass sie zuerst nach

---
[1]) Dobrizzhofer I p. 261.
[2]) Sepp bei Charlevoix, Anhang.
[3]) Del Techo lib. IX c. 45.
[4]) Die eingehendsten Berichte Dobrizzhofer I p. 134 ff.

echt spanischer Manier, die nur den Schutz von Einzelinteressen als Staatsmaxime kannte, ein Verbot des Anbaus überhaupt erlangten, später wenigstens eine Beschränkung der Ausfuhr auf 12000 Arroben (3000 Ztr.). Eifersüchtig wachten sie über die Erfüllung der Vorschrift und reichten beständige Denunziationen ein, so dass die Jesuiten bald alle Verbindung mit dem nächstgelegenen Assumpcion aufgaben. Es wird erzählt, dass man in den Reduktionen, um den Ausfall zu decken, sich besonders auf die Kultur feinerer Theesorten geworfen habe. Die Väter selbst behaupteten nicht nur die Vorschrift genau zu beobachten, sondern sogar nur die Hälfte des gestatteten Quantums zu exportiren, wie die Steuerregister von Buenos Ayres erwiesen. Dort wie in S. Fé lebten je zwei Prokuratoren des Ordens, die den Verkauf oder Umtausch besorgten.

Es kommt darauf an, wie weit auch wir diesen spanischen Finanztabellen Glauben schenken wollen; eine zuverlässigere Quelle würden wir jedenfalls in den eigenen Rechnungen der Jesuiten besitzen. Diese wurden von einer Reduktion zur anderen sehr genau geführt und oft vom Superior kontrolirt. Sie würden eine vollständige Statistik des Landes enthalten, denn hier, wo man, wie der spanische Reisende Ulloa rühmte, nur die Wirthschaft einer einzigen wohleingerichteten Familie kannte, war jede Statistik nur eine grosse Privatrechnung. Jedoch lehren uns die Ziffern, welche die Jesuiten aus ihren Büchern mitzutheilen für gut befunden haben, — die Bevölkerungszahlen ausgenommen — nur wenig: man hat in beliebter jesuitischer Manier zwar nichts falsches aber nur halbwahres gesagt; die Ansätze sind richtig, aber sie beziehen sich auf Ausnahmeverhältnisse, durch die der normale Zustand verdunkelt war[1]). Auch aus ihnen wird man aber noch schliessen dürfen, dass die Geldrente hinter der, welche deutsche Landgüter im vorigen Jahrhundert abwarfen, nicht weit zurückblieb.

Der grösste Theil dieses Reinertrags wurde unzweifelhaft zum Vortheil der Missionen selber verwandt. Fehlten ihnen doch etliche der wichtigsten Rohmaterialien: Kalk, Eisen und Salz, überhaupt sämmtliche Metalle. Aber auch diese Anschaffungen abgerechnet, es blieb noch immer eine nicht unbeträchtliche Summe übrig, und mit dieser glaubte der Orden sich befugt nach Belieben zu schalten. Man kann nicht sagen, dass die Jesuiten hieraus ein besonderes Geheimniss gemacht hätten; vielmehr machten sie ihre Geldgeschäfte gerade mit

---

[1]) Nussdorfer publizirt die in ihrer Art treffliche Rechnung einer Mission am Uruguay. Nur hat er, um die Revenue recht gering darzustellen, eine solche gewählt, die einen plötzlichen Zuwachs von 250 von den Portugiesen vertriebenen Flüchtlingen erhielt, zudem eine im Inneren gelegene, die die Mehrzahl ihrer Produkte nur selbst nutzen konnte.

den höheren spanischen Beamten, selbst mit den Gouverneuren[1]). Trotzdem richteten sich hierauf die Vorwürfe der Regierung: die Gesellschaft schien sich damit ein Recht angemaasst zu haben, das nur dem Souverän gebühre. Sie hatte zwar schon im Jahre 1645 ein Privileg Handel zu treiben erhalten, aber es war in demselben ausdrücklich bestimmt gewesen, dass dies nur zum Nutzen der Indianer geschehen solle[2]), und hiervon war man offenbar abgewichen.

Es war dies die Achillesferse, an der der Orden getroffen werden konnte, und in der That haben sich die demselben verderblichsten Angriffe gegen diesen schwachen Punkt gerichtet. In Frankreich hängt der Sturz der Jesuiten eng zusammen mit dem, freilich wohlverdienten, Bankerott ihrer Handelsspekulationen, Pombal wurde zuerst gegen sie erbittert, weil er das Scheitern seiner merkantilistisch geplanten brasilianischen Compagnie ihnen zuschrieb, für Karl III. sind die Vorwürfe, die den Handel Paraguays betrafen, ausschlaggebend gewesen, noch in der Aufhebungsbulle Clemens' XIV. wird dieser Fehltritt gegen die kanonischen Vorschriften als einer der schlimmsten angeführt. Die Gründe, welche die Jesuitengegner beibrachten, waren aber durchaus nicht der Rüstkammer der Aufklärungsbildung entlehnt; im Gegentheil, man wiederholte nur die alten Ansichten einer verrotteten Wirthschaftslehre.

Niemand hätte auch damals Anstoss daran genommen, dass kirchliche Stiftungen eine drückende Herrschaft über Tausende von Hörigen ausübten, ohne diesen ihrerseits etwas zu leisten; auch die Beschäftigung mit der Landwirthschaft und bis zu einem gewissen Punkt selbst mit der Industrie, wie der Verkauf ihrer Produkte hatte von jeher für Mönchsorden als anständig gegolten; nur eben der Handel war durch die kanonischen Vorschriften unbedingt dem Geistlichen untersagt, weil es unmöglich schien, dass derselbe ohne List und Uebervortheilung bestehen könne. Die Jesuiten hatten auch hier mit der alten Tradition stillschweigend gebrochen, aber sie waren in der übeln Lage, dies niemals frei bekennen zu dürfen. Gerade der Handel aber galt andererseits den Staatsmännern als die wesentlichste Quelle des Reichthums, und diese alte irrthümliche Theorie konnte durch die Betrachtung des Jesuitenstaates nur gestärkt werden: in der That war ja für Paraguay der auswärtige Handel die einzige Quelle des baaren Geldes, also nach gemeiner Ansicht die einzige Quelle des Reingewinns der ganzen Volkswirthschaft. Es schien die schimpflichste Usurpation, dass diese Ordensleute es wagten, den gesammten Ertrag eines Landes einzukassiren, sowie es der

---

[1]) Listen bei Brabo, Documentos p. 72—79.
[2]) Decr. Phil. V.

frevelhafteste Ungehorsam schien, dass sie offen den Anordnungen der Kirche Hohn sprachen.

Für die Jesuiten war der Staatshandel die nothwendige Folge der gesammten kommunistischen Wirthschaftsverfassung: die Verwendung ihrer Ueberschüsse — bei jeder anderen Volkswirthschaft würde man von einem Plus der Handelsbilanz reden — im Interesse des gesammten Ordens war nur die Konsequenz der Souveränetätsrechte, die ihnen thatsächlich, wenn auch nicht ausdrücklich, in diesem Lande zugestanden waren. Sie hätten fragen dürfen: ob denn irgend ein europäischer Souverän seinem Volk weniger abnehme? — aber kluger Weise haben sie diese Frage nicht erhoben.

Von grösserer Wichtigkeit noch als der auswärtige Handel musste für einen Staat von der Konstruktion der Missionen, für welchen Abschliessung und Selbstgenügsamkeit maassgebend waren, der innere Verkehr sein. Innerhalb jeder einzelnen Reduktion kam in Folge der Ablieferung aller Produkte in die Magazine und der obrigkeitlichen Austheilung derselben ein Umtausch gar nicht in Frage; wohl aber hatte ein solcher zwischen den einzelnen Niederlassungen stattzufinden. Hierbei wenigstens äusserten sich die grossen Unterschiede in der Naturbeschaffenheit des Landes. Anfangs hatten die Leiter der bestgelegenen Reduktionen nicht übel Lust ihren Gemeinden zu einem dauernd besseren Zustand zu verhelfen als den übrigen, und zeigten sich entweder karg bei ihren Unterstützungen oder wollten eine Verpflichtung der Empfänger aus denselben herleiten[1]). Es bedurfte eines eigenen Befehls des Jesuitengenerals aus Rom, um diesen Missbrauch abzustellen und das Prinzip zu wahren, dass innerhalb der kommunistischen Wirthschaftsordnung auch den Gemeinden kein Eigenthum zukomme, dass zwischen allen die vollkommenste Gleichheit herzustellen sei. Dass man trotzdem den Austausch der Produkte nicht ganz willkürlich vornahm, dass man sehr genau Buch führte und die Bilanzen im ganzen gleich zu halten versuchte, versteht sich von selbst. Nur durfte daraus nicht das dauernde Uebergewicht einer Reduktion über die andere hervorgehen; es war wohl Sache des Superiors, der unaufhörlich zwischen den Missionen hin und her reiste, dies zu verhindern.

Da mithin in dieser grossen Hauswirthschaft nur die Posten umgeschrieben wurden, bedurfte man eines reellen Tauschmittels, bedurfte man der Edelmetalle gar nicht mehr. Sehr geringfügig war deren Menge so wie so im Inneren Südamerikas, während doch das Küstenland Peru sogar die ganze alte Welt mit ihnen versorgte. Auch in Assumpcion kannte man fast nur Tauschhandel, es bestanden obrigkeitliche Taxen, in

---

[1]) Ibagnez l. c.

denen das Werthverhältniss der einzelnen Waaren zu einander bestimmt war, und die wenigstens im Kleinverkehr beobachtet wurden, während der Handel sich gewiss auch hier seine eigenen Preise schuf. Für die Jesuiten war strenges Verbot aller Zahlungsmittel unausweichliche Nothwendigkeit. Sobald es einmal mobiles Kapital giebt, lässt es sich auch leicht vom Einzelnen anhäufen und verleiht dem Besitzer die Macht über die wirthschaftlichen Kräfte der Gemeinschaft zu verfügen. Die gemeinsame Produktion, die obrigkeitliche Vertheilung, die Organisation des Umtausches hatten ein besonderes Zahlungsmittel überflüssig gemacht: dass trotzdem kein Edelmetall ins Land käme, blieb eine nicht unnöthige Vorsicht.

Damit es jedoch auch an einer Seltsamkeit nicht fehle, so besass jede Kirche etliche Realen, die bei der Eheschliessung gebraucht wurden: der Bräutigam überreichte sie nach spanischer Sitte der Braut, nach Vollendung der Zeremonie wurden sie alsbald zurückgeliefert[1]). Vielleicht hat auch dies beigetragen, die Indianer über den wahren Gebrauch des Geldes im Unklaren zu lassen.

Diese völlige Unbekanntschaft mit dem Geld erschien den Jesuiten als der eigentliche Triumph ihrer Staatsweisheit. Die auri sacra fames, die Geldgier, ward ja von Alters her als der eigentliche Ausdruck des wirthschaftlichen Eigennutzes betrachtet: hier war sie überwunden, und das war ein deutliches Zeichen, dass auch ihre Quelle verstopft sei. Gegenüber der theoretischen Ueberschätzung der Edelmetalle gefielen sich die Jesuiten im Hinweis auf ein Land, das derselben entbehre und sich doch des höchsten Wohlstandes erfreue. Noch nach der Aufhebung des Ordens sprach der Exjesuit Dobrizzhofer aufs klarste diese Gesinnung aus, wenn er den Tadlern der Jesuiten zurief: „Lasset uns lieber darauf denken, wie wir das auch in Europa zu Stande bringen, was sie ohne Zwang und ohne Geld bei den Guaranis bewerkstelliget, nämlich dass einer für alle und alle für einen arbeiten, dass niemand etwas zu kaufen und zu verkaufen habe, dass der Gebrauch des Geldes aufhöre, und dass es eine Wahrheit werde: dass den Göttern alles um die Arbeit feil sei"[2]).

Das ganze Leben des Indianers war eine fortgesetzte Erziehung: er wurde belehrt, beaufsichtigt, bestraft, belohnt in einer rein persönlichen Weise. Es war nothwendig, dass man mit einer solchen Erziehung bei jedem Einzelnen so früh als möglich beginne; die Jugenderziehung musste für diesen Staat eine ganz andere Wichtigkeit besitzen als für jeden, der seinen Bürgern individuelle Freiheit verstattet. Man hat sich nicht einen Augenblick bedacht bei derselben die äussersten socialistischen

---

[1]) Dobrizzhofer II p. 265.
[2]) Dobrizzhofer I p. 16.

Folgerungen zu ziehen. Nur die Säuglinge, die der Pflege der Mütter nicht entbehren konnten, wurden diesen überlassen; aber schon in einem Alter, in dem sie nichts als stumme Zuschauer sein konnten, wurden die Kinder am Morgen in die Kirche mitgebracht und den Tag über spielend an Beschäftigung gewöhnt. Die älteren genossen vor und nach dem Gottesdienst etwas Unterricht: es wurden ihnen die Religionslehren und einige Heiligenerzählungen eingeprägt und abgefragt; nur die Begabtesten lehrte man guaranisch lesen und schreiben[1]). Es gab nur wenige Bücher in der Landessprache, einen Katechismus, eine Bearbeitung des Martyrologium und einiges der Art mehr; auch sie dienten gewiss mehr zum Gebrauch der Väter als der schreibkundigen Indianer. Immerhin hat man eine Zeit lang sogar eine kleine Druckerei in den Missionen gehabt: der Musterstaat sollte eben nichts entbehren, was einem zivilisirten Volk Bedürfniss ist.

Nach Beendigung des Unterrichtes zog die gesammte Schaar zur Feldarbeit, denn die Erziehung zur Arbeit musste das Wesentliche sein. Die Erträgnisse gehörten den Kindern selbst, sie sollten so viel wie möglich sich durch ihre eigenen Hände ernähren[2]). Aeltere Leute leiteten und beaufsichtigten die Arbeit, ausserdem hatte jede kleine Abtheilung einen verantwortlichen und, wie es heisst, selbstgewählten Obmann. Früh suchte man besondere Befähigungen zu erkennen: aus jenen kindlichen Obmännern erwuchsen die Korregidoren, die Gehilfen und Werkzeuge der Väter, und oft führte man die Kinder durch die Werkstätten, um zu beobachten, zu welchem Handwerk sie Geschick und Neigung hätten.

Wie die Erwachsenen erhielten auch die Kinderabtheilungen, und zwar von Woche zu Woche, einen Heiligen, dem auf dem Felde die Laubkapelle gebaut wurde, und für dessen Ehre man eifriger arbeitete, als es aus eigenem Antriebe geschehen wäre. Einst, in unruhiger Kriegszeit erfasste in einer Reduktion die Knaben und Mädchen die Neigung zu Abenteuern: sie zogen vom Felde in die Wälder auf dem Gebirge und lebten dort etliche Monate sehr wenig erbaulich; um sich zu ernähren, stahlen sie den umliegenden Gemeinden sehr viele Kühe und assen sie auf, bis man sie schliesslich wieder zurückholte und die inzwischen eingegangenen Verhältnisse nachträglich legitimirte. Ihre Heiligen aber hatten die Flüchtlinge nicht vergessen, sie bauten ihnen die schönsten Laubtempel, hielten Festprozessionen mit ihnen ab, und befanden sich also auch in religiöser Hinsicht bei ihrem improvisirten Naturzustande recht wohl.

---

[1]) Auch etwas Latein wurde gelehrt, aber wie! Das Decr. Phil. rühmt: immo et Latine legere et scribere discunt; quin! id quod legunt scribuntque intelligunt!
[2]) Peralta, Anhang zum Decr. Phil. V.

Die Jugenderziehung wurde abgeschlossen durch die Heirath. Auch sie war durchaus schematisch geordnet. Gewöhnlich wurden nur zweimal im Jahre alle die das nöthige Alter erreicht hatten, zusammengegeben, und zwar die Jünglinge sofort nach vollendetem siebzehnten Lebensjahre, die Mädchen nach dem fünfzehnten. Die Gegner haben den Vätern seltsamer Weise zum Vorwurf gemacht, dass sie die Eheschliessung so spät eintreten liessen und nicht die vom kanonischen Recht gestattete Grenze, das zwölfte Jahr, innehielten. Das junge Ehepaar erhielt alsbald ein Stückchen Ackerland, seine Häuslichkeit beschränkte sich aber einstweilen auf eine Hängematte im Hause der Eltern; erst wenn die Familie sich vergrösserte, wurde ihnen eine eigene Hütte überwiesen. Die Missionäre versichern uns, dass sie alle erdenklichen Vorsichtsmaassregeln anwendeten, um sicher zu sein, dass die Heirath nur aus persönlicher, gegenseitiger Neigung geschlossen werde, und sie berichten von vielen musterhaften Ehen; dieselben Männer beklagen aber, dass die Ehe oft wenig streng gehalten werde, und diese Klage passt besser zu der Schilderung, die wir von den sittlichen Zuständen nach der Aufhebung erhalten. Damals wurde die Ehe mit grösster Gleichgiltigkeit betrachtet; auf das schwächere Geschlecht, das nicht mehr geschützt war durch die strenge Arbeitsordnung der Jesuiten, war die ganze Last der Feldbestellung gewälzt, und der Kommunismus, den man beibehalten hatte, schien auch auf den Besitz der Weiber ausgedehnt. Nicht minder führte jetzt die gemeinsame Erziehung der Jugend, die frühe Entfremdung vom elterlichen Hause, zu den ärgsten sittlichen Missständen[1]. Nirgends zeigte sich deutlicher, dass der Jesuitenstaat ein mechanisch konstruirtes Kunstwerk sei, dem keine eigene Triebkraft innewohnte, das beständig die Direktion der Werkmeister verlangte! Aber auch der Schluss ist erlaubt, dass die Gütergemeinschaft nothwendig zur Zerstörung der Familie drängt, dass die Familie ohne die Grundlage eines irgendwie aus dem Gesammtbesitz ausgesonderten Eigenthums dauernd nicht bestehen kann.

Wie sehr auch alle Einrichtungen auf ein beständiges Eingreifen des Paters berechnet waren, so bedurfte er doch zuverlässiger Mittelspersonen, die nicht ganz so maschinenmässig wie die anderen Indianer ihre Arbeit thaten, sondern mit Verständniss und Eifer auf die Absichten des obersten Leiters eingingen. Dass es den Jesuiten niemals an solchen gefehlt hat, zeigt uns — wie früher bemerkt — die Begabung dieser Stämme auch einmal von der besseren Seite. Nie haben die Väter freilich die Reihen ihrer eigenen Geistesaristokratie den Farbigen geöffnet; es war ein offen ausgesprochener und streng

---

[1] Doblas l. c.

beobachteter Grundsatz, dass kein Indianer, sei es als Priester, sei es als Laienbruder aufgenommen werden dürfe, dass keiner ein höheres kirchliches Amt als das des Ministranten bekleiden könne. Sie haben anfangs sogar gezweifelt, ob sie die Indianer zu anderen Sakramenten als zur Taufe zulassen sollten, bis sich nach der festen Ansiedlung die Fähigkeiten so weit entwickelten, dass sie über diesen Zweifel hinweggehoben wurden [1]). Nie aber wäre es möglich gewesen, das höchste der Sakramente, die Priesterweihe, dem Guarani zu verstatten und ihm so den Weg in die Versammlung der Halbgötter zu bahnen, zu denen er jetzt mit scheuer Ehrfurcht und Bewunderung hinaufblickte.

Aber schon ihnen mit Hilfe an die Hand zu gehen war ein erstrebenswerthes Ziel, und es war eines, das nur durch **persönliche** Tüchtigkeit erreicht werden konnte. Bei der Bekehrung der Stämme war es zwar besonders auf die Kaziken angekommen; man hatte sie mit Ehrenbezeigungen belohnt, die nichts kosteten: ein weisser Stab, ein spanischer Titel konnte sie glücklich machen. Nach und nach hatte man ihren Einfluss bis zur Bedeutungslosigkeit gemindert, und zuletzt bildeten ihre Abkömmlinge wohl noch immer eine Art Aristokratie in dem sonst ganz demokratisch organisirten Staatswesen, aber eine solche, die sich nur durch feste Plätze in der Kirche, durch etwas buntere Kleidung und etwas mehr Schmuck bei ihren Frauen auszeichnete.

Alle amtliche Gewalt ruhte bei den Korregidoren, die aus der Mitte des Volkes, natürlich nur unter denen, die dem Pater genehm waren, gewählt wurden. Die Jesuiten behaupteten: sie hätten bei diesen Wahlen die Kaziken bevorzugt, um sich nicht den Anschein zu geben, als ob sie den alten Adel der Stämme verachteten, aber zugleich versicherten sie: die Kaziken seien im allgemeinen viel dümmer und träger als die anderen Indianer [2]). Der Grundsatz: eine völlige und durchgängige Gleichheit unter allen Bürgern herzustellen, hätte in der That eine dauernde Bevorzugung nicht erlaubt; bei der Einziehung der Missionen durch die Spanier fanden sich nur 5—6 Kaziken, die eine amtliche Stellung bekleidet hatten.

Der Korregidor war der Gehilfe und gewissermaassen der Stellvertreter des Paters; so vielseitig dessen Thätigkeit war, so vielfarbig schillerte auch sein Amt. Als Kern desselben wurde betrachtet, „dass ihnen obliege die Sitten der übrigen zu untersuchen", und hierauf beruhte auch ihr Ansehen vornehmlich. Täglich wurde diese Befugniss jedem Einzelnen in Erinnerung gebracht, denn der Korregidor zählte in der Kirche die Anwesenden und spürte dem Grund der Versäumniss

---

[1]) Charlevoix I p. 345.
[2]) Dobrizzhofer II p. 137 f.

nach; am Sonntag wiederholte er sogar denen, die in der Kirche nicht mehr Platz gefunden hatten, auf dem Hofe Satz für Satz die Predigt des Paters[1]). Die Korregidoren waren die Aufseher der Arbeit, und die Vertheilung der Nahrungsmittel ging durch ihre Hand; zugleich waren sie Schiedsrichter, ja sie vollzogen sogar die vom Pater verhängten Strafen. Im Kriege hingegen waren neben ihnen auch die Kaziken noch von Bedeutung, da noch immer die Kazikschaften geschlossen zusammen kämpften.

Höchster Werth ward auf die Heranbildung brauchbarer Befehlshaber und auf die kriegerische Ausbildung des Volkes gelegt; inmitten feindlich gesinnter Nachbarn war sie eine Nothwendigkeit. Als Montoya nach der Vernichtung der Missionen von Guayra zuerst um die Berechtigung für die Indianer der Reduktionen einkam, Feuergewehre zu führen, hatte er noch mit den schwersten Bedenken zu kämpfen[2]), seitdem aber galt der Jesuitenstaat, wie das Dekret König Philipps V. rühmt, als die Vormauer der ganzen Provinz. Die Kämpfe bei der portugiesischen Kolonie S. Sacramento wurden vorwiegend mit indianischen Kriegern geführt, und dieselben schienen sich weit besser zu bewähren als die Spanier; einst starb eine ganze Besatzung von 600 Mann mit einem deutschen Pater an der Spitze den Heldentod; man hatte in Madrid sogar die Absicht eine Reduktion als Militärkolonie an diesen gefährdetsten Punkt der spanischen Herrschaft in Südamerika zu senden. Schon vor dem Beginn des 18. Jahrhunderts war die kriegerische Verfassung durchweg vollendet und der Tiroler Sepp konnte rühmen: „900 spanische Soldaten sind alles, was dies Städtlein (Buenos Ayres) und das ganze Land beschützen soll; wir aber können aus unseren Völkerschaften in kurzer Zeit eine Armee von 30 000 Indianern zu Pferde stellen, welche die Muskete zu führen, den Säbel zu schwingen, offensive und defensive zu streiten wissen so wohl als jeder Europäer, worin sie von unseren patribus abgerichtet worden, ohne ihrer Pfeile und Bögen, Schlingen und Drischeln zu gedenken, in denen sie annoch von ihrer Heidenschaft her Meister sind".

Der streitbare Sohn der Berge hat nur wenig übertrieben; für die Landesvertheidigung waren alle Männer tauglich, und ausser Landes hatte man bei einer Belagerung von S. Sacramento 3300 Reiter, 200 Scharfschützen, die nöthige Anzahl Pferde, Maulthiere und 200 Rinder zum Ziehen der Kanonen binnen 11 Tagen gesandt[3]). Denn auch Geschütze, wenn auch,

---

[1]) Escandon l. c.
[2]) Decr. Phil. V. Es erfolgte 1661 sogar noch ein Widerruf der Erlaubniss.
[3]) Lettr. édif. rec. 21.

wie es scheint, nur hölzerne, besass man in den Reduktionen. Neben der Uebung im Gebrauch der Schusswaffe war durch ein besonderes Dekret des Provinzials eingeschärft, die alten kriegerischen Reiterübungen nicht zu vernachlässigen: musste doch die ganze Lebensweise des Gaucho, der die Rinderheerden auf der Steppe zu beaufsichtigen und gegen die Streifzüge lüsterner Nachbarn zu vertheidigen hatte, eine durchaus kriegerische sein.

Der Pater selbst leitete die militärische Ausbildung, er zog an der Spitze des Aufgebots seiner Reduktion in den Kampf, mit dem Kruzifix in der Hand, und erfüllte in seltsamer Mischung die Pflichten des weltlichen und geistlichen Führers zugleich. Am Handgemenge Theil zu nehmen verboten ihm natürlich die einen wie die andern. Seine Gegenwart und Aufsicht war in solchen Augenblicken nöthiger als je, denn vor der Erregung, die der Krieg mit sich bringt, vor der Aufrüttelung der energischeren Leidenschaften des menschlichen Gemüthes drohten bisweilen alle Errungenschaften der Zivilisation in Rauch aufzugehen: dem trefflichen Florian Bauke wurde einst die Siegesfreude nicht wenig gestört, als ein sonst frommer und milder alter Indianer, dem in der Reduktion die Sorge für die heranwachsende Jugend aufgetragen war, nach der Schlacht in seine heidnische, lasterhafte Gewohnheit zurückfiel und einen erschlagenen Feind aufzehrte. Im letzten Krieg gegen die Portugiesen mussten die Jesuiten, um den Schein des Gehorsams gegen die spanische Obrigkeit zu wahren, von einer unmittelbaren Theilnahme absehen, und demgemäss war der Widerstand der Indianer auch ein minder geregelter und hartnäckiger, so ungeheure Summen den Portugiesen auch jetzt noch die Unternehmung kostete.

Fassen wir zum Schluss noch die Rechtsordnung ins Auge! In ihr zeigt sich noch einmal das innerste Wesen dieses Staates. Der Korregidor unter der Obhut des Paters entschied kleinere Streitsachen, alle ernsteren wurden durch das Machtwort des Seelenhirten selbst beglichen; die Strafgewalt, das eindringlichste Merkzeichen der Souveränetät, besass nur er. Der Beichtvater, vor dem ein Geheimniss zu bewahren Sünde schien, war der denkbar beste Untersuchungsrichter: die Selbstanklage der Schuldigen kam ausserordentlich oft vor, was die Berichterstatter nicht genug rühmen können. Im Beichtstuhl verhängte der Pater Bussen, von denen er die Absolution abhängig machte, als Richter öffentliche Strafen —: wo war noch ein Unterschied zwischen dem geistlichen und dem weltlichen Verdikt?

Bei der Eroberung des Landes durch die Portugiesen sah deren Feldherr mit Erstaunen, wie Indianer vor dem Pater, der das Urtheil sprach, sich alsbald niederwarfen, ihre wohlgemessenen 25 Streiche empfingen, sich erhoben und demüthig die Hand des Richters küssten[1]). Dem Beauftragten Pombals erschien ein solches Verhalten als der äusserste erdenkliche Grad von Knechtschaft — die Jesuiten haben genau dasselbe Beispiel oft als Zeugniss für die Vollkommenheit ihrer Erziehungsresultate angeführt. In der That: wo der Staat eine grosse Familie geworden war, wo man das Weltideal von einer Heerde und einem Hirten verwirklicht zu haben glaubte, da konnte die Strafe nur noch das Zuchtmittel zur Besserung irrender Kinder sein.

Deshalb waren Schläge und ziemlich knapp bemessene Haft die einzigen Strafen, welche man anwendete. Unverbesserliche, d. h. dauernd widerspenstige Frevler, die leicht die andere makellose Heerde hätten anstecken können, schaffte man aus ihrem Heimathsdorf weg, gewöhnlich in die Missionen jenseits des Parana.

Diese Grundsätze hielten auch dem zeitweilig auftretenden Hang zu grösserer Strenge gegenüber Stand. Als man in einigen Fällen über vorsätzliche Mörder lebenslängliches Gefängniss verhängt hatte, erfolgte aus Rom ein heftiges Reskript des Generals[2]); in ihm wurde in den stärksten Ausdrücken ein solches Gebahren mit dem Verfahren der Heiden gegen die Märtyrer verglichen und angeordnet, dass in Zukunft die Gefängnissstrafen nicht höher als auf 10 Jahre bemessen werden dürften. Man wollte eben keine Rechtspflege, man strebte nur nach Busse und Besserung! Der einzige Staat, der dauernd, grundsätzlich wie thatsächlich, von der Todesstrafe abgesehen hat, ist der Jesuitenstaat von Paraguay gewesen — eine Thatsache, über die ich mich eines weiteren Kommentars enthalte.

Eine eigentliche Gesetzgebung scheint gar nicht existirt zu haben, man durfte von dem Buchstaben absehen gegenüber den stets lebendigen Empfindungen, an die man nur anzuknüpfen brauchte: Gehorsam, Liebe, Demuth, Reue, Zerknirschung und Furcht vor dem Stellvertreter des Allwissenden und Allmächtigen.

In solcher Weise waren in diesem Staatswesen Recht, Sittlichkeit und Religion in einander gemengt, und die Mischung schillerte unbestimmt in allen Farben. Freilich waren wesentliche Stücke der Rechtsordnung in das Bewusstsein der Menge übergegangen. Sie hatte ein lebhaftes Gefühl, dass durch dieselbe das Leben der Einzelnen und das Gut der Gesammtheit geschützt sei; sie war noch tiefer durchdrungen von der Ueberzeugung, dass der Verletzung des ausgesprochenen Gebotes alsbald die Vergeltung folge — aber die Grundlage für ein gesundes Rechtsleben fehlte dennoch: das Bewusstsein, dass jeder einzelne sein Recht besitze und es zu wahren habe —

---

[1]) Brief desselben als Anhang zur relation abrégée.
[2]) Ibagnez l. c.

das Bewusstsein der Rechtspersönlichkeit. Neben dem Staat gab es keine weitere Rechtsperson, und in diesem Staat fanden sich wohl allerlei Zwecke im Recht, aber ein Kampf ums Recht konnte und sollte hier nicht existiren, und damit war dem Rechtsbewusstsein überhaupt Grund und Boden entzogen, war ihm seine im menschlichen Gemüth fliessende Quelle verstopft worden.

Und hier können wir auch zum endgiltigen Urtheil über die Art Sittlichkeit gelangen, die in den Missionen gepflanzt und gepflegt wurde. Sie ruhte, wie wir sahen, ausschliesslich auf religiöser Grundlage, und damit hing es zusammen, dass alle natürlichen Eigenschaften der Seele, die für die religiösen Empfindungen unverwerthbar sind, als schlecht angesehen und nach Möglichkeit zurückgedrängt wurden. Es war das Sittlichkeitssystem von ekstatischen Schwärmern, die in der Klosterzelle mehr dem Jenseits als dem Diesseits angehörten, das hier zur Anwendung gebracht wurde, und selbst in der Hand praktischer nnd umsichtiger Männer verlor es nicht seinen Charakter. Es ward ein Ideal angestrebt, bei dem von vielen Eigenschaften, die nun einmal die Natur in die Menschenbrust gelegt hat, ohne Weiteres abgesehen wurde; das menschliche Wesen sollte mit einem Schlage geändert und vermeintlich verbessert werden. Die Natur aber hat sich von jeher an solchen ihren Verächtern gerächt: es war ein halt- und markloser Körper, welcher nur nach Aussen frisches Leben heuchelte, den man zu Stande brachte; im ersten Augenblicke, da er sich selbst überlassen wurde, knickte er zusammen. Die härteren und energischeren Empfindungen waren von den Erziehern systematisch untergraben worden — Eifersucht, Eigennutz, Hass und Rache hatten diesem Völkchen unbekannt bleiben sollen; es war mit ihnen selbst jene Spannkraft des Geistes, die dem Wilden eigen ist, der Instinkt der Selbstvertheidigung, ausgerottet worden.

Noch mehr: alle die Laster, die minder aus einer leidenschaftlichen Erregung des Gemüthes als aus einer schlaffen Nachgiebigkeit an die sinnlichen Antriebe folgen, rissen alsbald ein, sobald die ermahnende und aufrichtende Stimme des Leiters fehlte[1]). Es wäre ein zu hohes Lob, wollte man den Jesuiten zugeben, was sie selbst beanspruchten: dass die Indianer die Sittlichkeit der Kinder besässen — der Kinder, deren das Himmelreich ist —, denn das Kind wird dazu erzogen, ein selbständiger Mann zu sein, die Sinnesart aber, die in Paraguay gepflegt wurde, bedingte eine dauernde Unmündigkeit. So hat auch einzig gerecht Schlosser der tiefblickende Geschichtschreiber

---

[1]) Es ist auch bezeichnend, dass schon bei der Bekehrung Montoya „die Klugheit brauchte, die Vielweiberei zunächst nicht zu bekämpfen"; de Alvear, Relacion geogr. et hist. de la provinc. de Missiones p. 41.

des 18. Jahrhunderts geurtheilt, wenn er bemerkt: „Nach der Meinung der Mönche und des Theils der Philosophen, welcher sich einbildet, dass Tugend ohne Laster und Leidenschaft auf Erden möglich sei, war das Leben der von den Jesuiten väterlich regierten Indianer ein ruhiger See, in dem sich die Gottheit spiegelte. Wir wollen uns nicht damit aufhalten, ausführlich zu beweisen, dass diese gepriesene Regierung für Engel gut sein mag, aber der Bestimmung des Menschen auf Erden nicht angemessen ist."

Selbst den vielgerühmten volkswirthschaftlichen Erfolgen des Systems gegenüber dürfte einige Skepsis angebracht sein. Bei allen Kolonialgründungen ist das rasche Anwachsen der Bevölkerung ein Zeichen der Gesundheit; selbst deren reissend rasche Vermehrung aus sich selbst heraus pflegt uns nicht zu überraschen. Wenn irgend wo, so sollten wir nun in den Missionen eine solche erwarten.

Hier haben wir ein Land mit unerschöpflichen Hilfsquellen und von weitester Ausdehnung vor uns; der menschlichen Arbeit, namentlich einer so wohl organisirten, öffnete sich hier das lohnendste Feld. Zudem war die Schliessung der Ehe in möglichst frühem Alter nicht nur erleichtert, sondern sogar staatlich sanktionirt; sobald durch Epidemien Lücken gerissen waren, sorgte man rasch für eine Vermehrung der Ehen, und es ist auffallend, wie nach solchen Ereignissen die Anzahl der Haushaltungen sich ungemein im Verhältniss zur Kopfzahl vermehrte. Endlich existirte eine Sorge für die Erhaltung der Familie für den einzelnen überhaupt nicht. Dies alles sind Gründe, die uns ein rapides Wachsthum der Bevölkerung erklärlich machen würden. Aber gerade das Gegentheil erfolgte: die Bevölkerung hat sich von der Gründung bis zur Vernichtung der Missionen nahezu stabil gehalten[1]).

Bei den neuen Stiftungen wird stets die Klage laut, dass der Gesundheitszustand der Bekehrten mit der totalen Veränderung ihrer Lebensweise sich zunächst sehr verschlechtere[2]). Dies ist natürlich, und den Jesuiten ist daraus kein Vorwurf zu machen; aber wenn wir nun sehen, dass dieser Mangel an Widerstandsfähigkeit ein dauernder bleibt, so greifen wir nicht fehl, sobald wir diese physische Schlaffheit mit dem Mangel an geistiger Energie in Verbindung bringen. Wird uns doch übereinstimmend von der namenlosen Gelassenheit berichtet, mit der der Indianer starb, nur dass sowohl Bewunderer wie Tadler des Staatswesens die Thatasche zu ihrem Vortheil auslegten. Trotz der umsichtigen Vorsichtsmaassregeln

---

[1]) Zusammenstellung der Volkslisten bei de Moussy, dazu ergänzende Zahlen bei Escandon, Dobrizzhofer in den Lettr. édif. rec. 12 und 21.

[2]) So schon in der Paraquaria ad eccl. red. (1635) p. 240.

der Jesuiten wirkten Epidemien geradezu verheerend. 1763 rafften die Blattern binnen kurzem fast ein Zehntel der Bevölkerung hin, und doch waren nur 14 Ortschaften von ihnen betroffen, in diesen starb aber auch mehr als die Hälfte der Einwohner[1]). Weit grösser waren die Verluste in Zeiten allgemeiner Epidemien: solche brachten in den Jahren 1732 bis 1740 die Seelenzahl von 141 000 auf ca. 74 000 zurück; die Zahl der Hausstände war im Verhältniss noch mehr zusammengeschrumpft.

Solche Lücken schlossen sich nur schwer und langsam — in wirklich aufstrebenden Staatswesen geschieht es bekanntlich ausserordentlich rasch —, ein scheinbar schneller Aufschwung nach 1740 ist vielmehr der Gründung von drei neuen Reduktionen zuzuschreiben[2]). Noch auffallender ist es, dass in Zeiträumen völliger Ruhe und höchster Blüthe wie zwischen 1718 und 1732 die Bevölkerungsziffer doch beinahe unverrückt blieb. Hierzu stimmt es durchaus, dass nur ausnahmsweise und nur an einzelnen Orten die Mitgliederzahl der einzelnen Familien vier überschreitet.

Diese seltsamen Erscheinungen fordern eine Erklärung. Alle neukolonisirten Länder bedecken sich deshalb so schnell mit einer einheimischen Bevölkerung, weil sich die ursprünglichen Ansiedelungen rasch zersplittern und Tochterdörfer nach allen Seiten aussenden. Diese fehlten in Paraguay vollständig; Neugründungen sind fast immer auch mit neubekehrten Völkerschaften besetzt worden. Nur einmal und mit grösster Mühe konnten die Indianer bewogen werden aus einer zu grossen Ortschaft zum Theil auszuziehen und in der Nachbarschaft eine andere zu erbauen[3]): die Indolenz war in solchem Falle noch mächtiger als selbst der gewohnte Gehorsam. Die blos physische Vermehrung hängt aber überall von den Bedingungen der Volkswirthschaft ab; daran liess sich selbst in Paraguay nichts ändern. Auch hierbei hat sich an den Jesuiten das Bestreben geräcat, sofort Vollkommenes ins Leben zu rufen; von dem Vollkommenen ist die Entwicklung ausgeschlossen, und diese Musterortschaften blieben stets, was sie gewesen waren. —

In verschiedener Weise haben die Jesuiten der Welt das Lob dieses vollkommenen Staates mitgetheilt; sie mussten es selber thun, da Fremde eben nie nach Paraguay gekommen waren. Die eingehendsten und umsichtigsten Schriften, die gewissermaassen eine Geschichtschreibung für ihren eigenen

---

[1]) Ziffern bei Dobrizzhofer I p. 16 und bei de Moussy l. c.
[2]) Man holte aus allen Stämmen der Nachbarschaft Sukkurs, Charlevoix I p. 388.
[3]) In einer Mission Dobrizzhofers. Anfangs kamen freilich, ehe man bei der ersten Ansiedelung einen guten Platz fand, öfters Ortswechsel vor, Lettr. édif. rec. 12 und Baucke.

Gebrauch waren, sind erst in unserem Jahrhundert an das Tageslicht getreten, zumeist in der Quellensammlung der La Platastaaten. Die ursprünglich für das europäische Publikum bestimmten Werke tragen noch lange die Züge der gewöhnlichen Heiligenlegende; erst im 18. Jahrhundert dachte man daran das Staatswesen als solches durch ausgebreitete Schriftstellerei allen Kreisen des Publikums zu empfehlen. In dem offiziellen Journal, den Lettres édifiantes, das zunächst für Frankreich, dann für die französisch Gebildeten, berechnet war, treten Berichte über Paraguay erst spät auf, da die französischen Väter nur in Canada und in Ostasien, nicht aber in Südamerika beschäftigt waren. Später wird aber der Jesuitenstaat in der Wildniss in ihnen um so eingehender geschildert, einmal sogar in romantischer Weise von einem Kapuziner, der sich zufällig dahin verirrt haben wollte [1], — immer wird die Absicht verfolgt und ausgesprochen, in ihm den christlichen Idealstaat zu zeichnen. Ein gleiches gilt von den Schriften, die für ein minder gebildetes Publikum bestimmt waren: in allen werden die Indianer als „die liebenswürdigsten der Sterblichen", wird die Pflanzung als ein wiedergefundenes Paradies in Wort und Bild gefeiert. Auf dem Titelblatt eines solchen vielgelesenen Buches [2] hat man die Gründung der Reduktionen symbolisch dargestellt. In einer anmuthigen Gegend pflanzt der schwarzröckige Pater unter Wilden mit Federschürzen das Kreuz, im Vordergrunde spielt der Jesusknabe, gekleidet in den Habit eines Jesuitenschülers, mit allerlei Thieren der Wildniss, und das ganze trägt als Sinnspruch die berühmte Weissagung des Jesaias von jenen Tagen, da der Wolf mit dem Lamm spielen, der Löwe neben dem Reh lagern und ein kleiner Knabe sie leiten werde.

Auch zur Polemik gegen den Protestantismus gaben die Missionen eine bequeme Handhabe. Dieser hatte so oft verkündet, dass sein Ziel die Wiederherstellung des ersten Christenthums sei — die Jesuiten hatten nicht ganz Unrecht, wenn sie stolz behaupteten, dass vielmehr nur ihr Staat in Paraguay ein Abbild der ersten Kirche sei. So sagt z. B. das Journal de Trevoux (Juli 1728) ausdrücklich, Paraguay sei der vollkommenste Staat, „denn hier", fährt es fort, „giebt es keine Staatsmaximen, keine Rücksicht auf das Interesse, nichts, was sich einer völligen Gleichheit unter allen Mitgliedern und der absoluten Abhängigkeit vom Gesetz Gottes, das ausgelegt und verkündet wird von seinen Dienern, entgegengestellt. Man glaubte unter diesen Neugetauften ein Staatswesen gründen zu dürfen, das naturgetreu die Züge des Bildes der ersten Kirche wiedergab, wo die Gläubigen auf

---

[1] Lettr. édif. rec. 13.
[2] Geschichten der Chiquitos.

jedes Eigenthum verzichteten, in Gemeinschaft lebten, nur ein Herz und eine Seele hatten — und der Versuch ist geglückt!"

Auch in Kreisen, die ihrer Literatur für gewöhnlich verschlossen blieben, suchten die Jesuiten ähnliche Ansichten auszubreiten. Sie bestimmten den bedeutendsten Reisenden, der im 18. Jahrhundert Südamerika besuchte, Ulloa, einen sehr günstigen Bericht über die Missionen aufzunehmen —, aber der in der That sehr vorurtheilsfreie Mann bemerkte zugleich, dass er diese selbst nicht besucht habe. Sie gewannen für ihren Zweck eine noch berühmtere Feder, die Muratoris. Dieser musste den mächtigen Orden, dessen Mithilfe er bei seinen Bestrebungen oft genug bedurfte, zum Freunde behalten. Seine Schrift „Das glückliche Christenthum in Paraguay" ist inhaltlich von geringem Interesse, sie wurde aber alsbald in die wichtigsten europäischen Sprachen übersetzt. Jedoch behaupteten die Jesuitengegner später: der berühmte Historiker habe in engerem Kreise sein Werkchen als einen Roman bezeichnet. —

Mittlerweile war die Zeit herangekommen, in der der lange aufgesammelte Unwille gegen die Jesuiten zum Ausbruch kam, Führer fand und vernichtende Streiche gegen den Orden führte. In der Tragödie der weltherrschenden Genossenschaft hat Paraguay eine Rolle gespielt, die nicht im Verhältniss zu seiner wirklichen Bedeutung stand, sondern die ihre Erklärung nur in der prinzipiellen Wichtigkeit findet, die man allgemein dieser jesuitischen Gründung beimaass.

Es zeugt schon von grosser Gleichgiltigkeit gegen das Missionswerk, dass man in Madrid leichter Hand, um die unbequeme portugiesische Kolonie S. Sacramento los zu werden, die sieben besten Missionen gegen sie eintauschte. Gerade vor S. Sacramento hatten die Guaranis oft im Dienst der spanischen Krone ihr Blut vergossen; jetzt muthete man ihnen zu, ihr reiches, herrlich angebautes Land ohne weiteres zu verlassen und sich Wohnsitze zu suchen, wo es ihnen beliebe. Die spanische Regierung verstand auf einmal den ihr schuldigen Gehorsam in seltsamer Weise.

Als besonders belastend für die Jesuiten liess Pombal später etliche aus der Guaranisprache übersetzte Manifeste drucken, die zum Widerstand ermuthigten. Sie erwecken bei uns Empfindungen, die denen gerade entgegengesetzt sind, welche der grosse Aufklärer-Minister seiner Zeit erreichen wollte. Zum ersten und einzigen Male macht sich in ihnen das Gefühl des eigenen Rechtes und der Pflicht dies zu wahren mit seiner ganzen Bitterkeit, aber auch mit voller moralischer Wucht in den Gemüthern geltend. Natürlich war es bei diesem Volk mit mancherlei religiösem Fanatismus versetzt: unter dem Schutz des himmlischen Vorkämpfers Michael glaubte man auszuziehen, und Gott der Herr selber sendet in einer kleinen

Barke von Silber, die geheimnissvoll kommt und verschwindet, den Kämpfenden sein Zustimmungsschreiben. Aber wir fühlen gewiss mit diesen Halbwilden, wenn sie ausrufen: „Wir werden es nimmer glauben, wenn der König sagt: ihr Indier gebt eure Länder und alles, was ihr habt, den Portugiesen. Wir glauben es gewiss nicht! Es wird nicht so sein! Wollen sie es vielleicht mit ihrem Blut erkaufen, so müssen wir Indier es auch noch einmal mit unserem Blute wiederkaufen. Warum giebt unser guter König den Portugiesen nicht Buenos Ayres, S. Fé, Corrientes und Paraguay? Muss man diesen Befehl nur wider die armen Indier vollziehen, denen er auflegt, dass sie ihre Häuser, ihre Kirchen und endlich alles, was ihnen Gott gegeben hat, verlassen sollen"[1]?

Ich glaube, diese einzige Stelle genügt zum Beweise, dass ein Volk, das so dachte, nicht von Natur zu ewiger Unmündigkeit verurtheilt sein konnte.

Die Jesuiten befanden sich in der peinlichsten Lage: ihr Intriguenspiel an den Höfen wollte zunächst nicht mehr verfangen, sie mussten den Schein des Gehorsams gegen die spanische Regierung wahren und doch zugleich den Widerstand der Indianer begünstigen. Mit allem geschickten Laviren kamen sie über dieses fatale Dilemma nicht hinweg. Auch die Portugiesen hatten falsch spekulirt, der Krieg verschlang ungeheure Summen, und die eroberten sieben Kolonien blieben trotzdem ein unsicherer Besitz, wie sie denn auch in kurzem von den Spaniern wieder besetzt wurden. Die wichtigste Folge des Krieges war, dass Pombal von jetzt ab entschlossen war den Orden zu verderben, und dass die spanischen Staatsmänner gegen ihn eingenommen blieben.

So erschien im Jahre 1757 die merkwürdige kleine Flugschrift Pombals „Der kurze Bericht über die Republik der Jesuiten in Paraguay"[2], das erste zündende Geschoss, das gegen die Jesuiten geschleudert wurde, und dem von nun ab ein vernichtender Schlag nach dem andern folgte. In heftigster Sprache wird in diesem aufregenden Schriftchen dem gesammten Publikum die Gemeingefährlichkeit der jesuitischen Gründung erörtert, allen Fürsten aber werden die Männer denunzirt, die auf solche Weise einen Staat ohne weltliche Autorität aufgebaut und damit ihre wahre Gesinnung enthüllt hätten.

Ungeheuer war der Erfolg des „kurzen Berichtes". Der Papst selbst erklärte in dem Breve, durch welches der Kardinal Saldanha zum Revisor des Ordens ernannt wurde, dass durch dieses kleine gedruckte Büchlein der grösste Schaden

---

[1] Anhang zur Rel. abrégée.
[2] Relação abbreviado da Republica de los Jesuitas, unzählige Mal in Uebersetzungen gedruckt.

angerichtet werden könne, wenn dem Aergerniss nicht gesteuert werde, welches es dem Universum kund gethan hätte. Das Schreiben, mit dem Pombal zugleich die Revision des Ordens bei Benedikt XIV. gefordert hatte[1]), führte eine Sprache, wie sie die Kurie von katholischen Fürsten selten gehört hat: es erinnert an den Sturz der Templer, und doch — fährt es fort — hätten die Templer sich nicht königlichen und geistlichen Befehlen widersetzt, nie hätten sie inmitten der Staaten von Souveränen Republiken von Unterthanen geschaffen und Unterthanen offen aufgewiegelt, nie hätten sie den weisen Absichten der Könige bewaffneten Widerstand entgegengesetzt, nie seien sie angeklagt worden, nach der Usurpation ganzer Königreiche und Kaiserthümer gestrebt zu haben. Die Jesuiten aber seien aller dieser Verbrechen schuldig. Gerade jetzt hätten sie ihre Reduktionen ausgebreitet, und den gesammten Handel in ihre Macht bekommen; in Madrid, in Lissabon, in allen Seestädten beherrschten sie ihn durch ihre Häuser. Schon hätten sie durch diese Mittel beide Amerika, das spanische wie das portugiesische, mit einem so festen Gürtel abgeschlossen, dass man ihn in 10 Jahren nicht mehr hätte durchbrechen können. Nur noch wenige Zeit und ganz Europa würde nicht Kräfte genug gehabt haben, um diese ungeheuren Striche zu bezwingen, die von unzähligen Menschen bewohnt seien, deren Sprache und Sitten die Jesuiten allein verstünden, und deren unversöhnlichen Hass gegen alle Weissen, die nicht der Gesellschaft angehörten, sie nährten.

Solche brüske und übertreibende Rede nahm man in Rom hin; man gab ihr sogar nach. Wenig später veröffentlichte Pombal ein Gutachten der Kommission, die der Papst in der Angelegenheit bestellt hatte; es enthält die schärfsten Ausfälle gegen den Orden und seine Thätigkeit. Unter dem jesuitenfreundlichen Clemens XIII. leugnete man das Gutachten wieder ab, erklärte, es sei nur eine private Meinungsäusserung des vorsitzenden Kardinals gewesen[2]); man liess die Publikation des portugiesischen Ministers durch den Henker verbrennen, ohne diesen doch hindern zu können, das verhängnissvolle Schriftstück allen seinen weiteren Publikationen einzuverleiben.

Denn die öffentliche Meinung wurde nun von Pombal mit einer Fluth von neuen Streitschriften und Enthüllungen bestürmt; selten hat ein Staatsmann es in dem Maass verstanden, das Interesse für seine Sache durch eine selbstgehandhabte Journalistik wachzuhalten und anzufeuern[3]). Die Zustände in Südamerika blieben ein Hauptgegenstand der Polemik, auch

---

[1]) Recueil des ordonn. Stück 7.
[2]) Murr, Journal VIII p. 105.
[3]) Diese Thätigkeit anschaulich aber einseitig geschildert in den Mém. de Pombal z. B. II p. 100 ff.

nachdem die Sachlage durch das Attentat der Tavora durchaus verändert war, und nachdem schon der Revisor Saldanha, der durch den „kurzen Bericht" völlig überzeugt worden war, gegen den Handel der Jesuiten die schärfsten Maassregeln ergriffen hatte. Jedes Mittel der Polemik war Pombal gelegen: er hat Prachtwerke und gelehrte Schriften[1]) ebenso herausgegeben wie kleine Flugblätter und handliche Sammlungen der wichtigsten Aktenstücke[2]); die veralteten Kontroversschriften aus der Zeit des Bischofs Cardeñas, die Fabeleien der geldgierigen Gouverneure[3]) schienen ihm ebenso gut seinem Zwecke zu dienen, wie die neuesten Berichte; in seinen Deduktionen berief er sich in einem Athem auf Pufendorf und auf das päpstliche Recht[4]).

Die wichtigste dieser Schriften war eine der ersten, die noch vor dem Attentat der Tavora erschien, das „Schreiben eines Portugiesen"[5]); es sollte die Antwort sein auf die stolzdemüthige Vorstellung, welche der Orden beim heiligen Stuhl gegen die Ernennung Saldanhas eingereicht hatte. Sie machte grossen Eindruck, weil sie als die Arbeit eines Mannes galt, der zugleich in den Archiven Portugals und Roms Zutritt gehabt habe und mit dem undurchdringlichen Rüstzeug der authentischen Dokumente gewappnet sei. Der in ihr geführte Beweis, dass die Jesuiten vom Augenblick der Stiftung ihres Ordens an die Schuld an allem Unglück Portugals getragen hätten, griff freilich schon weit über die amerikanische Frage hinaus.

Wie sehr von Anfang an die Geister erregt und das Unglaubliche zu hören gewärtig waren, zeigt am besten der Erfolg, den ein kleiner Roman hatte, „Die Geschichte des Königs Nikolaus von Paraguay"[6]). Es war das nichts als eine alberne Räubergeschichte, wie sie das vorige Jahrhundert liebte; sie trug an der Spitze einen Lieblingssatz jener Generation: dass die grossen Verbrecher und die grossen Genies die nächstverwandten Naturen seien. Man kann kaum eine feindselige Gesinnung gegen den Orden in dem unbedeutenden Machwerk entdecken, aber es verbreitete durch ganz Europa den Ruf: die Jesuiten hätten in Paraguay einen Usurpator aufgestellt, und man war geneigt, in diesem einen zweiten Attila oder Dschingis-Khan zu sehen. Der vermeintliche König Nikolaus, einer der Führer im Portugiesenkrieg, war ein gutmüthiger,

---

[1]) Seabra da Silva (Auszüge bei Gatterer, hist. Biblioth. XII).
[2]) Recueil des décrets apost. et des ordonnances du roi de Portugal, Amsterdam 1760 (übers. aus dem Portugiesischen).
[3]) Matth. de Angles (Mater. III 226 f.).
[4]) Alle wichtigeren Dokumente und Streitschriften gesammelt bei Klausing, Materialien zur Geschichte der Jesuiten in Portugal. 4 Bde. 4⁰.
[5]) Mater. Bd. I sammt weiteren Kontroversschriften.
[6]) Histoire du roi Nicolas I. roy du Paraguay et empereur des Mamelucs, St. Paul (!) 1756.

alter Kazike, aber noch 9 Jahre später, bereits nach der Austreibung der Jesuiten, sandten spanische Gouverneure ausführliche Berichte über ihn an den Hof zu Madrid [1]).

Die inhaltreichste polemische Schrift erschien übrigens erst nach der Aufhebung des Ordens, sie hatte den Exjesuiten Ibagnez zum Verfasser [2]). Durch sie wurde im vorigen Jahrhundert die Meinung über Paraguay wesentlich bestimmt, während sie in dem unsern oft nur als giftiges Pamphlet ohne Werth bezeichnet wird. Ibagnez war ein unruhiger Kopf und ausserdem verbittert durch Verfolgungen, die er in seinem Orden erlitten hatte; er deutet alle Thatsachen zu Ungunsten der Jesuitenherrschaft, aber in der Herbeischaffung des Materials verfährt er wenigstens ehrlich, während alle Schriften, die aus dem Heerlager Pombals in die Welt gingen, sich durch maasslose Uebertreibungen kennzeichnen.

Die Jesuiten hatten anfangs die Absicht gehabt, sich von der öffentlichen Polemik zurückzuhalten und nur im Geheimen ihre Hilfsmittel spielen zu lassen. Bald sahen sie ein, dass einem Feind von Pombals Art gegenüber eine solche Taktik nicht angebracht sei. Auch von ihrer Seite wurde allgemach die Polemik aufgenommen, und da sie in die Defensive gedrängt waren, verfuhren sie sehr behutsam und sachgemäss; namentlich die Darstellungen der beiden Väter Escandon und Nusdorfer, obgleich in advokatorischem Sinne verfasst, zeichnen sich durch diese Vorzüge aus. Zugleich setzte der Orden den Pombalschen Angriffen direkt entgegen die grosse Sammlung der „Schutzschriften für die Jesuiten" [3]), in denen altes und neues in bunter Mischung publizirt wurde. Unter den dort erschienenen Stücken ist weitaus das wichtigste eine Reihenfolge von notariell beglaubigten Aussagen der verschiedenartigsten Einwohner von S. Fé über die Missionen und die Indianer [4]). Es hatte nämlich noch einmal den Jesuiten in Paraguay das Glück gelächelt, und jene, übrigens sorgfältige Enquête ward von der spanischen Regierung offenbar zu dem Zweck angestellt, sie von den auf ihnen lastenden Vorwürfen zu befreien [5]).

Es war das ein letzter Sonnenblick; — mittlerweile vollzog sich in Europa ihr Verhängniss Zug um Zug. Der Jesuit hatte die Herrschaft über die Geister der katholischen Welt verloren, die er so lange mit sicherer Hand gelenkt hatte. Nicht nur einem Mann von der Gesinnung Pombals, auch dem gut kirchlichen Karl III. von Spanien musste der Jesuitenorden

---

[1]) Die Dokumente bei Brabo p. 277—290.
[2]) Uebers. in Le Brets Archiv.
[3]) Von 1761 an 12 Bände.
[4]) Schutzschriften III p. 108—152.
[5]) Mém. de Pombal I p. 114.

jetzt als gefährlichster Feind erscheinen, vor allem musste beide eine aufrichtige prinzipielle Abneigung gegen die Idealverfassung von Paraguay erfüllen. Eben jene Vermischung des geistlichen und weltlichen durch den allbeherrschenden Priestereinfluss, welche in Paraguay bis zur Spitze getrieben war, hatte die Geister der romanischen Völker mit einer Eisrinde überzogen, hatte sie von ihrer Stellung unter den Nationen Europas verdrängt. In der Entfesselung der geistigen und wirthschaftlichen Kräfte, denen andere Völker ihre Fortschritte verdankten, sahen Pombal und Karl III. ihre Aufgabe. Sie verfuhren dabei als Despoten, sie wollten ihren Unterthanen Selbstthätigkeit aufdrängen, sie zum Wettbewerb, zum Interessenkampf in Handel und Wandel nöthigen. Bei diesem Bestreben musste ihnen der geistliche Familienstaat ein Greuel sein, und der Gedanke, dass ihren Ländern vielleicht, wenn auch in weiter Zukunft, ein ähnliches Loos zugedacht sei, musste ihr Innerstes empören.

Vor dem neuen Ideal, das diese Männer verfolgten, war das alte, welches Jahrhunderte hindurch seine Herrschaft über die Geister behauptet hatte, verblasst. Als in Spanien die Aufhebung der Missionen, die Austreibung der Väter beschlossene Sache war, schrieb, um das äusserste abzuwenden, Papst Clemens XIII. noch einmal eigenhändig an den König, und sein Brief zeigt eine nicht unedle Erregung[1]). Er beschwört Karl: „Wenn eine einzige, wenn viele jener armen Seelen, die schon in die Heerde Christi aufgenommen sind oder im Begriff stehen aufgenommen zu werden, durch einen Mangel an Hirten zu Grunde gingen, welche Anklagen werden sie nicht vor dem Richterstuhl Gottes gegen den erheben, der ihnen die nöthigen Mittel und den Beistand zu ihrer Rettung entzogen hat". Der König antwortete mit einer gewissen Rührung, aber jene Mahnung glaubte er ruhig annehmen zu dürfen, und er beantwortete sie dahin, dass er nur nach reiflichster Prüfung seinen Regentenpflichten gemäss handele.

In dem Edikt war verheissen, dass der Befehl mit der grössten Schonung und Rücksicht ausgeführt werden solle[2]), die Thatsachen zeigten aber wenig von einer solchen. Es sind vor kurzem alle Aktenstücke, die sich auf die Deportation der Jesuiten beziehen[3]), veröffentlicht worden, aber sie machen die trefflichen Berichte des Franzosen Bougainville[4])

---

[1]) Theiner, Clemens XIV. p. 56 f.
[2]) Con la mayor decencia atencion humanidad y asistencia, Brabo p. 4.
[3]) Brabo, Documentos relativos a la expulsion de los Jesuitos. Madrid 1872.
[4]) Bougainville, Voyage autour du monde c. I p. 38 ff., c. VII p. 175 bis 208.

nicht überflüssig, da sich dieser während der entscheidenden Monate in Buenos Ayres aufhielt und den frischen Eindruck der Ereignisse in sich aufnahm.

Man hatte energischen Widerstand der Jesuiten erwartet, und es ward deshalb ein besonderer Gouverneur, Bucareli, nach Südamerika gesandt, es wurden die umfassendsten Maassregeln getroffen die Dekrete geheim zu halten und sie dann mit einem Schlage überraschend auszuführen. Diese Vorsicht war unnöthig. Mit Niedergeschlagenheit und dumpfer Resignation demüthigten sich die Jesuiten unter die Hand, die sie schlug. Der Provinzial der Missionen sandte von freien Stücken eine Erklärung des Gehorsams und der Unterwerfung, und den Korregidoren, die Bucareli zum Possenspiele eines Parlaments nach der Hauptstadt entbot, gab man von Hause nur die sehr berechtigte Warnung auf den Weg mit: sie würden viele Lügen hören. Binnen wenigen Wochen waren alle Jesuiten gleich Gefangenen von den Kommissarien aus den Reduktionen abgeführt. Die Kraft, die so vielen Stürmen Stand gehalten hatte, war geknickt, der ungeheure Fall des Ordens hatte auch den einzelnen Mitgliedern den Schwung des Geistes gelähmt.

Ueber dem gefallenen Riesen erhoben die Feinde ein widerwärtiges Siegesgeschrei. Es ist unglaublich, welche Masse von Rohheit, Hass, Habgier und nichtswürdiger Servilität in den Berichten, Petitionen, Eingaben zu Tage gefördert wurde, mit denen man Bucareli bestürmte. Unübertroffen in allen diesen Punkten sind die würdigen Kirchenfürsten, welche über den Untergang der unbequemen und unbotmässigen geistlichen Konkurrenten jubelten und sich gern so viel als möglich von ihrer Erbschaft angeeignet hätten. In allem diesem Schmutz ist es nur von Interesse zu sehen, wie fast alle Theile davon überzeugt sind: die Jesuiten würden nächstens ihre Regierungsform in ganz Südamerika zur Anwendung gebracht haben. Dass sie dann mit Europa ein gleiches versucht haben würden, glaubte wohl kein Verständiger ernsthaft, aber viele gaben sich den Anschein es zu thun. Bald bezog man sich hierbei auf Rom, bald auf Russland, das ebenso plötzlich aus dem Dunkel der Barbarei als europäische Grossmacht hervorgetreten wäre.

Andere Spanier, an ihrer Spitze der Gouverneur selber, gaben sich hiervon verschiedenen Empfindungen hin. Sie verkündeten sich selber als die Boten der Zivilisation, die sie nun den unglücklichen Indianern zu bringen hätten, dem Volke, das den Geist der Kinder besässe, und dem man doch die harmlose Fröhlichkeit der Kleinen geraubt hätte. Bucareli hielt sich zur Neuordnung der Verhältnisse längere Zeit in den Missionen auf. Man hatte erwartet ungeheure Schätze in ihnen zu finden, er fand aber nur geringfügige Summen; dazu waren die Jesuiten viel zu gute Rechner gewesen, als dass sie grosse Mengen Edelmetalle in einem Lande aufgespeichert hätten, wo dieselben ganz und gar nicht zu verwerthen waren! Der Gouverneur entwarf ein künstliches Verwaltungssystem, in dem alles geändert ward, nur der Kommunismus unangetastet blieb; als Prinzip stellte er auf: der Handel sei das Werkzeug der Zivilisation, Freiheit aber die Seele des Handels — ein löblicher Grundsatz, wenn ihn nur die Spanier zunächst ihren Kolonien gegenüber in Anwendung gebracht hätten!

Die Indianer setzten der neuen Ordnung der Dinge eine Zeit lang eine Opposition entgegen, die sich in rührenden Petitionen an den König um Wiedergabe der Jesuiten, um Wiedereinführung der alten Zustände kund gab[1]; dann versanken sie völlig in Apathie. Unterdessen war ihr Land schon ruinirt; jeder der habgierigen Beamten hatte es so schnell als möglich ausgesogen, und zugleich hatte die Sorge für den allgemeinen Wohlstand im Volke wenn nicht aufgehört, so doch sehr nachgelassen. Binnen weniger Jahre war der Viehstand des Landes fast vernichtet[2], demgemäss die Bevölkerung auf weniger als die Hälfte zusammengeschmolzen[3] und der Rest völlig entsittlicht.

Ein Verwaltungssystem folgte rasch dem anderen, oft waren sie von wohlwollenden und kenntnissreichen Männern ausgesonnen — aber alle verunglückten. Es geht über den Zweck dieser Darstellung hinaus auch noch die weitere Leidensgeschichte der Missionen zu schildern, aber auch sie würde uns ein typisches Bild entrollen: das des doktrinären Experimentirens an einem willenlosen Körper. Die Vergleichung der Misserfolge mit den Resultaten der Jesuiten würde jedenfalls das eine lehren: die Jesuiten erreichten grosses — mag man über die Beschaffenheit des erreichten auch urtheilen wie man wolle —, weil sie konsequent verfuhren, weil alle ihre Mittel dem Zwecke vollkommen angemessen waren; die Bucareli, Doblas, Azara scheiterten, weil es ein doppelter Widersinn ist, Selbständigkeit des Denkens und Handelns den Menschen mit Gewalt aufzudrängen und zudem nur die Richtung zuzulassen, die den Lehrmeistern genehm ist[4].

Das Gebiet der Missionen ist seit dem Beginn unseres Jahrhunderts bis auf wenige elende Dörfer dem Urwald wiedergegeben; die Jesuiten sind nie mehr in ihre Schöpfung

---

[1] Mitgetheilt bei de Moussy, Parish und Andree (La Plata-Länder p. 356).
[2] Nach vier Jahren fand man statt 787 722 Rindern nur noch 184 192, statt 99 211 Pferden 57 373, statt 225 486 Schafen 93 747. Aktenstück bei Demersay p. 304.
[3] 1797 wurden nur noch 54 388 Seelen gezählt. De Moussy nach Azara.
[4] Am seltsamsten sind die Verordnungen Pombals für die Indianer der brasilianischen Missionen. Material. zur Gesch. d. Jes. II Nr. 3.

zurückgekehrt. Ihre Deportation war in roher Weise ausgeführt worden. Nach mancherlei Wechselfällen traf die Mehrzahl der Männer, die in Paraguay ein gemeinsames Wirken verbunden hatte, wieder zusammen, nur die deutschen Missionäre suchten ihr Vaterland auf, die übrigen liessen sich in Faenza nieder, und aus ihrer dortigen Druckerei sind eine Anzahl interessanter Biographien hervorgegangen [1]).

Das Schicksal dieser Männer erweckte vielfach, auch bei alten Gegnern, Theilnahme. Bougainville, der ihnen anfangs entschieden feindlich gesinnt war, machte bald die Anmerkung: „Es habe wohl einige Intriganten gegeben, die Mehrzahl aber seien treffliche, fromme Leute gewesen, die im Geist und in der Wahrheit ihrem Gott dienten." In Europa vollends sehen wir jetzt ein befremdendes Schauspiel: je mehr die leitenden Staatsmänner durch die Angelegenheiten Paraguays gegen den Orden eingenommen waren, um so eifriger ergriff das Publikum für dessen Institutionen Partei. Wo man in den Jesuiten eine reelle Macht zu fürchten, wo man in ihnen die Hauptgegner der neuen Reformen zu bekämpfen hatte, fanden freilich die Anklagen Pombals lauten Nachhall, wo man sich aber im Vollbesitz der Errungenschaften einer aufgeklärten Denkungsart wusste oder glaubte, urtheilte man um so milder.

In England erschienen mehrere übersichtliche Schriftchen zu Gunsten des Jesuitenstaates; ja dies Vorbild fand alsbald in protestantischen Missionen, namentlich denen Neu-Seelands, Nachahmung. Wichtiger, weil für die Mehrzahl der Gebildeten maassgebend, sind die Ansichten der französischen Philosophen. Von Voltaire an hatten diese ein ganz leidliches Verhältniss zu den Jesuiten gehabt: der sophistische Charakter, der beiden Richtungen stark anhaftete, liess eine gegenseitige Toleranz erwachsen. Den irreligiösen Philosophen war die düstere, fanatische Strenge des Jansenismus weit unsympathischer als die lässliche Moral der europäischen Jesuiten; vollends für die Tendenzen des Ordens in Paraguay waren diese Kreise geradezu von einer übertriebenen Vorliebe befangen.

Den Reigen eröffnete ihr bedeutendster Denker Montesquieu [2]). Er hat seine Lobpreisung des Jesuitenstaates in die berühmten Kapitel von der Erziehung verflochten; dort stellt er ihn als eine Wiederholung der vollkommensten wirklichen Republik, Sparta, und als Verwirklichung der erhabensten idealen Republik, der Platons, hin: Die Erziehung zum Ehrgefühl, auf dem die Monarchien beruhen, bringt das Leben; die Erziehung zur Tugend, das Fundament der Freistaaten, muss, wie in Paraguay, von früh an beginnen und das Gemüth an Selbstüberwindung und freiwillige Aufopferung gewöhnen.

---

[1]) Unter anderen des Provinzials Andreu und Escandons.
[2]) Montesquieu, Esprit des lois IV c. 6.

Man hat die Gesellschaft Jesu, sie, die als einziges Vergnügen auf Erden betrachtete zu gebieten, um der in Paraguay bewiesenen Herrschsucht willen anklagen wollen, aber es wird immer schön sein, die Menschen zu regieren, indem man sie glücklicher macht. Dort in Amerika hat sie zum ersten Mal der Welt gezeigt, dass eine Verbindung von Religion und Menschlichkeit möglich sei; der Sinn für Ehre — das Kennzeichen der Gesellschaft — und der Eifer für eine Religion, die mehr diejenigen, welche sie hören, als die, welche sie predigen, demüthigt, hat sie erfüllt. Sie haben die Wilden vereinigt, genährt, gekleidet und wenn sie nichts gethan hätten, als den Gewerbfleiss unter den Menschen zu vermehren, so würden sie grosses erreicht haben.

Deshalb werden alle, die ähnliche Ziele erstreben, sich nach diesem Staate richten müssen, Gütergemeinschaft, hohe Ehrfurcht vor der Religion, Absonderung von den Fremden zur Reinerhaltung der Sitten, Staatshandel werden sie pflegen, und sie werden ihren Bürgern unsere Künste ohne unsern Luxus, unsere Bedürfnisse ohne unsere Wünsche geben. Vor allem sei die Verbannung des Geldes nothwendig, das die Bedürfnisse der Menschen über die von der Natur gesteckten Schranken vergrössert, unsere Wünsche ins Unendliche vervielfacht und als Ersatz der Natur gilt. Zudem fehlen ja dem Staate die wahren Vortheile des Handels nicht.

Die letzten Bemerkungen zeigen Montesquieus Abneigung gegen die merkantilistische Theorie und Praxis, im übrigen aber beruht seine Vorliebe für die südamerikanische Theokratie auf anderen Gründen. Auch er hat hier einmal den schönen Traum seiner Zeit geträumt von einer bürgerlichen Gesellschaft, welche die Segnungen der Kultur geniesst, ohne die Naivetät der Hirten eingebüsst zu haben, der die Konflikte unserer Gesellschaften unbekannt sind, die von Philosophen weise zur Menschlichkeit erzogen und vernünftig zum Genuss des möglichst grossen irdischen Glückes geleitet wird. Es nahten die Tage, in denen die Pädagogik mit allgemeiner Leidenschaft betrieben wurde, in man von einer mit solcher Gesinnung erzogenen Jugend das Heil der Welt erwartete[1]). Montesquieu, der praktische Staatsmann, hat diesen Phantasien nur auf Augenblicke nachgegeben — alsbald bemerkt er, ein solches Ideal liesse sich doch nur in kleinen Kreisen durchführen —, aber diese Abschnitte sind die Huldigung, die auch er dem Zeitgeschmack darbrachte.

Seine Gedanken wurden aufgenommen und weiter geführt von einem Manne, dessen grosse Bedeutung eben darin bestand,

---

[1]) Murr, Reisen der Missionarien in Südamerika (Vorrede), macht die Leiter von Erziehungs- und von Armenanstalten besonders auf die in Paraguay gesammelten Erfahrungen aufmerksam.

dass er die Ideen der Modephilosophie popularisirte und mit einer Fülle historischen Stoffes versetzte, von dem Abbé Raynal[1]). Kein noch so eifriger Anhänger des Jesuitenordens hat einen so feurigen Panegyricus auf den Missionenstaat geschrieben als der Verfasser der „Geschichte des Handels nach den beiden Indien". Freilich wiegt er sich über den Charakter dieses Staates in einer starken Illusion, wenn er vermeint: „die Jesuiten hätten nicht eher versucht die Indianer zu Christen zu machen, bis sie sie erst zu Menschen gemacht hätten"; er plaidirt bei seinen Lobpreisungen immer in eigener Sache, eigentlich hat er dabei stets den Vernunft- und Empfindsamkeits-Staat der Philosophen im Auge. Eine naive Eitelkeit spiegelt sich in Schilderungen wie die folgende: „Die beste unter allen Verfassungen, wenn es möglich wäre, dass sie sich rein erhielte, wäre eine Theokratie; aber sie müsste immer durch tugendhafte und gänzlich nach ihren wahren Gründen handelnde Männer verwaltet werden; die Religion müsste nichts anderes gebieten als die Pflichten der Gesellschaft, nichts ein Verbrechen nennen, als was die Menschheit beleidigt, und nicht in ihren Lehren Gebete statt Handlungen, eitle fromme Zeremonien statt Liebeswerke und kindische Bedenklichkeiten statt gegründeter Gewissensbisse vorschreiben". Dieses Ideal findet er nun nahezu in Paraguay verwirklicht. Eifrig nimmt er die Jesuiten vor dem Vorwurf in Schutz, den Aberglauben verbreitet zu haben. „Was ist denn Aberglaube? Er hemmt den Fortgang der Bevölkerung, er weist die Zeit, die zu den Arbeiten der Gesellschaft bestimmt ist, unnöthigen Gebräuchen zu, er beraubt den arbeitsamen Mann, um den müssigen und gefährlichen Einsiedler zu bereichern, er setzt die Bürger in Waffen gegen einander, er giebt im Namen des Himmels das Zeichen zum Aufruhr, er entzieht seine Diener den Gesetzen und den Pflichten der Gesellschaft; mit einem Wort: er macht die Völker unglücklich und giebt den Boshaften Waffen gegen die Rechtschaffenen. Nun! wenn in Paraguay der Aberglaube herrscht, so wird er zum ersten Mal den Menschen Gutes gethan haben."

Aufs höchste bewundert Raynal die Vermengung der Religion und der weltlichen Angelegenheiten. Bürgerliche und geistliche Gewalt entspringen derselben Quelle zu gleichem Zweck, oder das Volk wenigstens könne sie nicht trennen, die weisesten Gesetzgeber hätten daher beide vereint; nachdem das Christenthum sie getrennt und dadurch unendliche Unruhen angestiftet, hätten sie nun die Jesuiten wieder verschmolzen. Das Unheil, das damit die Gesellschaft bisweilen in Europa angestiftet, hätte sie genützt, um ein dauerhaftes Gutes in Amerika zu stiften. Denn diese Herrschaft gilt Raynal als

---

[1]) Raynal, Histoire philosoph. du commerce VIII c. 7 f.

die sanfte Herrschaft der Einbildung, die einzige vielleicht, die Menschen mit Recht über Menschen ausüben dürfen, weil sie diejenigen glücklich macht, die sich ihr überlassen. Auch lässt sich Raynal diese Religion selber sehr wohl gefallen. Nicht nur die väterliche Fürsorge der Pfarrer begeistert ihn, sondern auch das Gepränge des Gottesdienstes, die „Absicht das Herz durch die Sinne zu rühren" billigt er; hier ist ihm zu Folge die Religion wahrhaft liebenswürdig.

Diesen eudämonistischen Standpunkt verficht Raynal mit grosser Konsequenz. Ich will nicht alle seine ekstatischen Schilderungen anführen, über den Kommunismus, der die höchste Bequemlichkeit und alle wirklichen Vortheile des Eigenthumsrechtes den Bürgern sichert, über die militärische Tüchtigkeit der Indianer, die er den welterobernden „Jüngern Odins und Mahomets" vergleicht, über die Klugheit, mit der man die spanischen Glücksritter so lange fern gehalten; es mag hier genügen noch die Worte anzuführen, in denen er die Rechtsordnung des Staates preist, weil sich in ihnen ganz deutlich zeigt, eine wie starke Dosis Sophistik der Glückseligkeitslehre des radikalen Philosophen ebenso wie der der frommen Väter beigemengt war. „Die Ohrenbeichte", sagt er, „ersetzt alle Kriminalgesetze, sie wirft den Schuldigen nieder zu den Füssen seiner Obrigkeit; er bemäntelt seine Fehler nicht, vielmehr vergrössert er sie in seiner Reue. Die Züchtigung, die sonst überall schreckt, bildet seinen Trost. Die Einwohner von Paraguay haben keine bürgerlichen Gesetze, weil sie von keinem Eigenthum wissen, sie haben keine Strafgesetze, weil ein jeder sich freiwillig angiebt und züchtigt; alle ihre Gesetze sind Religionsvorschriften."

So berühren sich die Extreme: Raynal das Orakel der Jakobiner, der Mann, den der Konvent als Patriarchen der Aufklärung der höchsten Auszeichnung für werth hielt, war zugleich der Prophet der Jesuiten. Eine Kluft aber blieb doch zwischen den Söhnen des individualistischen 18. Jahrhunderts und den Jüngern eines Ignatius von Loyola, und auch Raynal war ehrlich genug sie nicht schlechthin zu überspringen. Noch halte, meint er, die Philosophie mit ihrem Urtheil zurück, bis das Verhalten der Indianer für oder wider die Jesuiten zeuge. Unterwürfen sie sich den Spaniern, so hätten auch ihre Lehrer mehr darauf gedacht, der Menge Gehorsam einzuflössen als ihnen Einsicht über die natürliche Billigkeit, der die Wilden schon so nahe gewesen, beizubringen. Dann hätten sie diese wohl glücklicher gemacht, sich aber das Recht vorbehalten, Werkzeuge ihres unumschränkten Willens aus ihnen zu bilden. Wenn sie aber die Spanier zurücktrieben, wenn sie an ihnen alles vergossene Blut ihrer Stammesbrüder rächten, dann werde die Philosophie urtheilen, dass die Jesuiten an dem Glück des menschlichen Geschlechtes mit der uneigennützigsten Tugend gearbeitet, dass sie die Indianer blos um sie zu belehren beherrscht, dass sie ihnen bei der Religion, die sie ihnen mittheilten, die Grundbegriffe der Gerechtigkeit, d. h. die ersten Gesetze der wahren Religion, gelassen, und dass sie vor allem in ihre Herzen diesen Grundsatz jeder rechtmässigen und dauerhaften Gesellschaft tief eingegraben haben: es sei ein Verbrechen für vereinigte Menschen in eine Regierungsform zu willigen, die ihnen die Freiheit, ihr Schicksal zu bestimmen, raubt und sie dadurch so weit bringen kann, dass Verbrechen ihnen eine Pflicht werden." — Die Geschichte hat anders entschieden, als es der philosophische Historiker erwartete!

Ich habe die Aussprüche Raynals ausführlicher angeführt, weil sich in ihnen, in ihrer Ueberschwänglichkeit, in ihrem gefühlvollen Radikalismus, in ihrer Wortfülle selbst, das Verhältniss der tonangebenden Kreise zu den Prinzipien des Jesuitenstaates aufs getreueste kundgiebt. Auch in Deutschland urtheilte man nicht anders. Als ein Amtsbruder Götzes, der Hamburger Propst Haremberg, eine vom Geist der alten zelotischen Polemik erfüllte Geschichte der Jesuiten schrieb und zum Schluss derselben eine Schilderung von Paraguay in gleichem Sinne brachte, erfuhr er allgemeine Missbilligung. Hingegen begleitete man den wunderlichen Murr, der als Protestant mit fanatischem Eifer die Jesuiten vertheidigte und Pombal mit gleichem Hass verfolgte, bei seiner unerschöpflichen Schriftstellerei[1]) mit einer gewissen Theilnahme. Die grosse Sammlung der „Aktenstücke, welche die Jesuiten in Portugal betreffen", wurde von ihrem Herausgeber, Klausing, objektiv als historisches Material dem Publikum vorgelegt; als Le Bret in seinem Archiv eine Uebersetzung des Ibagnez mittheilte, legte er ganz besonders Verwahrung ein: man solle nicht aus dieser Schrift auf seine eigenen Ansichten schliessen, er wolle nur der Erörterung neues Material zuführen. Auch die hervorragenden Männer der Nation befleissigten sich einer etwas bewussten Milde. Lessing interessirte sich lebhaft für die geographischen Verdienste der Missionäre in Südamerika und publizirte in seinen Beiträgen zur Literatur mehrere ihrer Berichte[2]), Wieland hegte bei seinem Latitudinarismus geradezu Vorliebe für die Jesuiten[3]), Johannes von Müller nannte sie bei ihrem Verfahren in Paraguay voll von Enthusiasmus und Staatskunst[4]), am wärmsten sprach sich Herder aus[5]).

---

[1]) Vor allem in seinem Journal für Kunstgeschichte(!), dann in seiner „Geschichte der Jesuiten in Portugal", „Reisen der Missionäre" u. s. w.
[2]) Lessing, 6. Beitrag. Bezeichnend ist wie der Exjesuit Eckhardt in seinen Zusätzen (Murr, Reisen der Missionarien l. c.) anerkennend vom „seligen Herrn Lessing" spricht.
[3]) Wieland Ein Wort für die Jesuiten. Werke B. 28.
[4]) J. v. Müller, Allgem. Geschichte Bd. 24.
[5]) Herder, Kalligone.

Es ist das Jahrhundert der Humanität, einer zum Uebermaass getriebenen Philanthropie, in dem wir uns hier bewegen. Dieselben Menschen, welche der verkünstelten Gegenwart oft revolutionär gegenüber standen, erblickten im Dämmer der Vergangenheit den verlorenen Stand der Unschuld, als Patriarchen väterlich über Kinder und Enkel geboten hatten. Selbst die Herrschaft einer weisen Priesterkaste — Druiden, Magier oder wie man sie sonst nannte —, die das Volk zu seinem wahren Besten betrügt, die es als irdische Vorsehung stets beobachtet, es immer erzieht und niemals straft, wurde als ein Musterbild ausgemalt. Dieselbe Generation schwärmte für ein Paradies voll harmloser Menschen, das sie auf den einsamen Südseeinseln träumte; es war die Zeit, als in empfindsamen Seelen der blosse Name der Freundschaftsinseln eine gleichgestimmte Seite rührte. Waren doch die Jesuiten selbst nicht unbeeinflusst von dieser Zeitströmung, die in verschiedenen Formen von den Robinsonaden bis Jean Jacques Rousseau reichte, und Paraguay konnte beinahe als Ausführung des Programms gelten, das sich in Romanen, Opern, Singspielen bis auf Mozarts Zauberflöte hundert Mal entworfen fand.

Auch die bedeutendsten Denker verleugneten nicht die Zugehörigkeit zu ihrem Jahrhundert. Von einem etwas weichlichen Eudämonismus konnten sie sich nie ganz befreien; die möglichst grosse Anzahl Glücklicher zu erzielen, erschien ihnen als der Zweck wie der Welt, so des einzelnen Staates; leicht vergassen sie, dass der Einzelne und dass die Menschheit die höhere Qualität ihres Glückes durch eine Verminderung der Quantität erkaufen muss. Aber sie vergassen es nur, wenn sie sich ihren Träumen hingaben; wenn sie wachten, d. h. wenn sie in der Gegenwart handelten, strebten sie um so kräftiger nach Freiheit des Geistes, nach Selbständigkeit der Individualität. Gerade deshalb, weil sie in Wirklichkeit so unabhängig der Jesuitengesinnung gegenüber standen, konnten sie auch so viel unbefangener und gerechter über deren Werk urtheilen, als die katholischen Spanier und Portugiesen, die sich erst mühsam von den Fesseln derselben befreiten.

Niemand hat damals einen naheliegenden Vergleich gezogen: den zwischen den Jesuiten und den Glaubensboten der germanischen Völkerschaften. Die Kluft zwischen Bekehrern und Bekehrten war dort freilich nicht so weit als in Südamerika, aber auch jene waren Lehrer nicht nur einer höheren Religion sondern auch einer höheren Kultur; auch sie waren naturgemäss darauf bedacht ihrem Stande einen dauernden Einfluss auf das Wirthschaftsleben zu sichern, auch sie haben für sich das Prinzip der Gütergemeinschaft bewahrt und allen die ungemessene Wohlthätigkeit als Pflicht gepredigt; aber so sehr sie auch eingewirkt haben auf die Gestaltung des Staats- und Rechtslebens, so haben sie doch nie versucht, dies ganz für sich in Beschlag zu nehmen, es gewissermaassen durch eine Theokratie aufzusaugen. Sie traten den Germanen wie Männern entgegen, die Jesuiten sahen in den Indianern nur Kinder.

Ein anderer Vergleich drängte sich damals der Reflexion auf; fast gleichzeitig mit dem Sturze des Ordens erfolgte die Erhebung der nordamerikanischen Kolonien gegen England, und die Vertheidiger der Jesuiten machten darauf aufmerksam: hier sähe man, welche Gesinnung den Geist der Unbotmässigkeit und des Abfalls erzeuge[1]). Auch in Nordamerika haben wir es mit Staaten zu thun, die ursprünglich und noch damals wesentlich auf religiöser Grundlage ruhten; hat man doch mit Recht bemerkt, dass in der kalvinistischen Gemeindeverfassung Genfs der Keim der nordamerikanischen Union liege. Wenn in der Verfassung Paraguays ein Ideal der Sittlichkeit und des Wirthschaftslebens, wie es dem Katholizismus vorschwebt, erreicht war, so zogen die Kolonisten Pennsylvaniens die äussersten Konsequenzen des Protestantismus. William Penn und die Seinen sind persönlich viel unliebenswürdigere Gestalten als die opferfähigen Väter der Gesellschaft Jesu, auch fielen ihre Resultate nicht so rasch und so blendend in die Augen, aber dennoch war ihr Werk auf einem tüchtigeren Fundament erbaut: in der Religion wie im Wirthschaftsleben hatten sie das eine gewahrt, was der köstlichste Erwerb der neuen Zeit — diesseits wie jenseits des Ozeans — ist: die Freiheit des Individuums.

---

[1]) Mémoires de Pombal (1784) II p. 79.

Printed by Libri Plureos GmbH
in Hamburg, Germany